JN105913

1次関数で学ぶ 経済学

改訂版

増田辰良 著

大学教育出版

は じ め に

　大学で学ぶ経済学の内容は，その多くが高校生の教科書『政治・経済』やその資料集の中に出ています．例えば，完全競争市場，独占市場，寡占市場，需要曲線，供給曲線，均衡価格という言葉の意味については，すでに勉強しています．こうした言葉は，教科書の中の「市場経済」や「現代経済のしくみ」という章節に出ています．大学で学ぶ経済学ではミクロ経済学と呼ばれています．これは最も小さな単位の経済主体である買い手と売り手の望ましい購入量と生産（販売）量の決定を市場で決まる価格水準に注目しながら分析する経済学です．

　また，ケインズという経済学者の名前や国民所得，*GDP*（国内総生産）という言葉も知っていることでしょう．国民所得という言葉から想像できるように，これらは一国全体の経済活動を分析する経済学です．ミクロ経済学に対してマクロ経済学と呼ばれています．

　リンゴ 1 個の価格がなぜ 80 円に決まるのかを勉強するのはミクロ経済学です．国内で売られているすべてのリンゴの平均的な価格をリンゴの物価といいますが，この物価がどう決まり，その変化が国民所得に与える影響を勉強するのはマクロ経済学です．本書は，ミクロ経済学が対象とする経済問題や経済現象を説明します．

　大学では，高校生のときに学んだ内容をさらに広く深く勉強し，現実の経済現象を説明し，経済問題を解く能力を養います．したがって，大学に入学するまでに学び，身に付けた知識や能力を大いに活用します．しかし，大学で学ぶ経済学は『政治・経済』の内容から大きくジャンプしているように思われがちです．それは新しい専門用語が使われ，高校生のときには出てこなかった考え方をするからです．また文字記号や数式を使って，経済活動を説明することがあるからです．そして，なぜこうなるのかという原因と結果との間にあるメカニズムを理解することが求められているからです．

『政治・経済』を勉強した限りでは大学で学ぶ経済学は，いわゆる文科系に属し「読み・書き」の能力さえあれば理解できる領域だと思われがちです．極端な言い方をすれば，暗記をする科目と思われがちです．そのため大学1年生を対象に経済学を講義すると，多くの学生は文字記号や数式が出てくるために面食らってしまうようです．しかし，少し考えてみてください．毎日のように失業率，国民所得，物価，国家財政，輸出入や為替レートの動きが新聞やテレビで報道されていますが，これらはすべて数値であり，計算されたものです．使われる計算手法が易しかろうが難しかろうが，四則演算（足し算，引き算，掛け算，割り算）した数値です．経済問題を解き経済現象を理解するには，最低限の数的処理をする必要があります．

もちろん大学で初めて学ぶ数学を必要とすることもあります．経済学はむしろ理科系に属する科目だと考えて勉強を始めることが大切だと思います．理科系に属する科目だといっても中学生・高校生のときに学んだ数学さえ活用できれば，現実に発生している多くの経済問題や経済現象のメカニズムを理解することができます．

本書を読むにあたって必要とする数学は，基本的に中学1・2年生で勉強した連立方程式と関数のみです．関数については1次関数のみです．1次関数の意味を理解し，グラフに描くことができ，連立方程式を解くことができれば，経済問題や経済現象のメカニズムを理解することができます．もちろん，2つの変数の比例と反比例の関係のみをみる1次関数だけで経済現象を説明することには無理があります．がしかし，1次関数のみで，これだけ多くの経済問題や経済現象を説明できるということも分かっていただける，と思います．さらに2次関数，微分（導関数）や積分の意味を理解し，計算能力があれば，理解できる経済学の領域はさらに広がります．これらの数学も高校生のときに学習したものです．

本書を執筆するきっかけは筆者の講義を受講していた男子学生からの質問でした．"先生，経済学ではよく数学が使われるので，理科系でない自分には難しいです．何かチャート式かドリル式の入門書があれば紹介してください．"この質問に私は"チャート式，ドリル式かい，経済学では見たことがないな

あ．でも連立方程式や1次関数は中学生のときに勉強したことがあるでしょ"，と答えました．実は，彼にとって連立方程式の解を求めたり，1次関数を理解することが大変だったようです．経済学は文字記号に経済的な意味を持たせます．したがって，$y = ax + b$ の a や b の意味は理解しているし，たて軸を y，よこ軸を x とするグラフにも描けますが，y を価格 P（*price* の頭文字です），x を数量 Q（*quantity* の頭文字です）という記号で表現すると，頭の中が真っ白になり正確にグラフも描けないようです．話し言葉を省略し，スマホや携帯電話で絵文字の操作に慣れていても，経済学で使う記号の変換が頭の中ではとてつもなく大変な作業になっているようです．そこで本書が生まれました．数的処理ができるようになるには，できる部分とできない部分を明確にし，できない部分に戻り繰り返し計算をするしかありません．できるようになるまで"愚直（ばか正直）に"取り組むことです．したがって，本書でも忘れた頃に関数の意味や専門用語の意味を繰り返し記述し，説明しました．

　優秀なプロ野球選手の評価基準は打者であれば，走って・打って・守って，という走攻守の能力を備えた選手です．経済学の勉強にも「読み・書き」にプラスして「そろばん（計算）」という能力が求められています．自分の可能性を信じて，この「そろばん（計算）」という能力を高めてください．

　また海外で日本人が野球，サッカー，テニス，ゴルフなどで通用する一流の選手になるには，その国の言葉をマスターすることが必要かつ十分条件になっているようです．事実，海外で長く活躍する日本人選手をみていると英語，イタリア語などに堪能です．仲間とのコミュニケーションを円滑にするには言葉をマスターしなければなりません．経済学も同じです．本書で学ぶ内容は世界中にある大学の経済学部で教えられている，と言っても言いすぎではありません．万国共通です．大学生になってから経済学を英語でエコノミックス（*economics*）と表現することを知った学生も多くいるようです．そこで本書では大学生になって初めて目にする専門用語の英語表記を索引として最終ページに掲載しました．

　最終章には，理解して欲しい最低限のことを練習問題として載せました．1次関数がグラフに描けて，連立方程式の解を求めることができれば，簡単に解

けると思います．ぜひ，挑戦してみてください．グラフが描けない，連立方程式の解が求まらないときは，もう一度本文の該当する章節を復習してください．必ず，解けるようになります．

　本書が対象とする読者は高校生，大学 1 年生と中学校や高等学校で『政治・経済』に関連する科目を教えている教員の方々です．

　2013 年 2 月 8 日

増田辰良

　改訂にあたり，語句の統一，数式と図表の変更，さらに表現をより易しくしました．

　2020 年 1 月 15 日

著者

1次関数で学ぶ経済学　改訂版

目　次

復　習

方程式と 1 次関数

1.　文字式，方程式と解の求め方

　本書では 1 次関数のみを使用します．その際，最低限の文字式と方程式を利用します．そこで，文字式と方程式について復習をしておきましょう．中学 1・2 年生のときに学習した内容です．文字式では，かけ算の記号×は省略されるか，中黒丸（・）で表現します．例えば，$2 \times x$ は $2x$ あるいは $2 \cdot x$ です．わり算の記号÷は分数記号で表現します．例えば，$18 \div 2$ は $\dfrac{18}{2}$ あるいは 18/2 です．

　まだ分かっていない数（未知数ともいいます）を表す文字を含む等式を方程式と呼びます．

$$2x - 5 = 13$$

　この方程式から x の値を求めてみましょう．左辺にある -5 を，その符号を変えて右辺へ移すことを移項するといいます．

$$2x = 13 + 5 = 18$$

$$x = \frac{18}{2} = 9$$

　方程式を成り立たせている文字（未知数）の値を，その方程式の解と呼びます．方程式の解を求めることを，方程式を解くといいます．未知の数を求める

とも言えます.

　一般的に, 移項して整理すると,

　　　$ax = b$　（a は 0 でない定数, b は定数）

の形になる方程式を, a についての 1 次方程式と呼びます.

　なぜ 1 次と呼ばれるのかを説明します. 掛け合わせてある文字の個数を次数といいます. $ax = b$ であれば, 掛け合わせてある文字の個数は ax の x 1 個のみです. したがって, $ax = b$ を 1 次方程式といいます. なお, ax の a は係数とも呼びます. $6x^2$ は係数が 6, 次数は 2 です. $-5x^2y$ であれば, 係数は -5, 次数は 3 です.

　方程式が $2x^2 + 3x + 1 = 0$ のように, $ax^2 + bx + c = 0$ の形で表される方程式であれば, 次数の最も高いのが ax^2 なので, 2 次方程式といいます. bx は次数が 1 です.

　次の式

　　　$2x - 5 = 13$

のように 1 つの文字 x だけを含む 1 次方程式を 1 元 1 次方程式と呼びます.

　　　$x + y = 8$　　　………①

　この①式のように, 2 つの文字を含む 1 次方程式を 2 元 1 次方程式と呼びます. 2 元 1 次方程式を成り立たせる 2 つの文字の値の組（x と y）を, その方程式の解といいます. 別の 2 元 1 次方程式が

　　　$3x + 2y = 19$　　　………②

と与えられると, 方程式①と②の両方を成り立たせる x と y の値を求めることができます.

$$\begin{cases} x + y = 8 \\ 3x + 2y = 19 \end{cases}$$

　このように方程式を組にしたものを連立方程式と呼びます．また，これらの方程式を両方とも成り立たせる文字の値の組をその連立方程式の解といい，解を求めることを，連立方程式を解くといいます．この連立方程式の解は

$$x = 3$$
$$y = 5$$

となります．

2.　比例と反比例の意味

$$y = 6x$$

　この式において，x はいろいろな値をとるとしましょう．この x のように，いろいろな値をとる文字を変数と呼びます．x の値に応じて，y はいろいろな値をとるので y も変数です．また，$y = 6x$ の 6 のように変化しない決まった数を定数といいます．

　一般的に，x と y の関係が

$$y = ax \quad （a は正の定数）$$

という式で表されるとき，y は x に比例するといいます．正比例するともいいます．このとき，a を比例定数といいます．x の値が増える（減る）とともに y の値も増え（減り）ます．x の動きと y の動きは同じ方向になります．したがって，$y = 6x$ という式は，y が x に比例することを意味しており，比例定数は 6 です．

　一方，

$$y = \frac{a}{x} \quad （a は正の定数）$$

という式では，y は x に反比例するといいます．このとき a は比例定数です．$y = \dfrac{6}{x}$ において x の値が増える（減る）とともに，逆に y の値は減り（増え）

ます. x の動きと y の動きは逆方向になります.

3. 方程式と1次関数との関係

「2つの変数 x と y があって, x の値を決めると, それに対応する y の値がた
だ1つ決まるとき, y は x の関数である」といいます. すでに説明した比例と
反比例も関数です.

y が x の関数で

$$y = ax + b \quad (a, b \text{ は定数}, \ a \neq 0)$$

のように, y が x の1次式で表されるとき, y は x の1次関数であるといいます.
この関数をグラフとして, たて軸 y とよこ軸 x からなる平面に描くとき, a は
傾き, b はたて軸の切片となります. $a > 0$ であれば, 右上がりのグラフになり
ます. $a = 0$ であれば, 水平でよこ軸に平行になります. $a < 0$ であれば, 右下
がりのグラフになります.

1次関数 $y = ax + b$ において, y は x に比例する量 ax と一定の量 b の和 (た
し算) とみることができます. 特に, $b = 0$ のとき, $y = ax$ となりますので, 比
例の関係は1次関数の特別な場合となります.

$$2x + y = 3 \qquad \cdots\cdots\cdots ①$$

この式は2元1次方程式です. x の値を決めると y の値がただ1つ決まりま
すので, y は x の関数となります. この式を y について解くと,

$$y = -2x + 3 \qquad \cdots\cdots\cdots ②$$

となることから, y は x の1次関数とみることができます. ①式と②式をグラ
フで表現すると, 同じ直線として描けます. グラフのたて軸を y, よこ軸を x
とすると, たて軸切片が3, 傾きが -2 の右下がりの直線となります. ここま
での数式や説明の一部は教科書『中学数学1・2』(教育出版) を参考にしまし
た.

　具体的に，1次関数の式を求めてみましょう．

　(1) 傾きが2で，点 (3, 9) を通る．

$y = ax + b$ の a が2ですから，$y = 2x + b$ です．この式に $x = 3$ と $y = 9$ を代入します．$9 = 2 \times 3 + b$ より，$b = 3$ となりますので，求める式は $y = 2x + 3$ となります．

　(2) 2点 (2, 3), (5, 9) を通る．

　傾きが $a = \dfrac{9-3}{5-2} = \dfrac{6}{3} = 2$ です．$y = ax + b$ より，$y = 2x + b$ となります．(2, 3) を通るので，先ほどと同じように代入すると $b = -1$ となりますので，求める式は $y = 2x - 1$ となります．この問題は次のように解くこともできます．定義

表復習-0　関数のまとめ

・1次関数

　　y が x の1次式で表される関数 $y = ax + b$（a, b は定数，$a \neq 0$）を，y は x の1次関数であるという．たて軸 y，よこ軸 x のグラフに描くと，a を傾き，b を切片という．

　　$a > 0$ ならば右上がりとなる．

　　$a = 0$ ならば水平（x 軸に平行）となる．

　　$a < 0$ ならば右下がりとなる．

　　x 軸上の座標は，y 座標が常に0

　x 軸との交点の座標は

　　$0 = ax + b \rightarrow x = -(b/a)$ から，$(-b/a, 0)$

　　y 軸上の座標は，x 座標が常に0

　y 軸との交点の座標は

　　$y = a \times 0 + b \rightarrow y = b$ から，$(0, b)$

・比例と反比例の比較

	比　例	反比例
式（$a \neq 0$）	$y = ax$	$y = a/x$
比例定数	$a = y/x$	$a = xy$
特　徴	x を n 倍 y も n 倍	x を n 倍 y は $1/n$ 倍
関数例	$y = 2x$	$y = 5/x$

・方程式の解

　　方程式を成り立たせている文字の値を，その方程式の解という．方程式の解を求めることを方程式を解く，という．

　　$3x - 1 = -x + 7$ の解は $x = 2$ となる．

式 $y=ax+b$ にそれぞれ座標の値を代入します.

$$(2, 3) \rightarrow 3 = 2a + b$$
$$(5, 9) \rightarrow 9 = 5a + b$$

上下の式を引き算し, a について解くと, $a=2$ となります. これは傾きなので, 定義式に代入し, $y=2x+b$ となります. さらに, この式にいずかの座標の値を代入します. ここでは $(2, 3)$ を代入してみます. $3=2 \cdot 2+b$ より, $b=-1$ となりますので, 求める式は $y=2x-1$ となります.

以上のことを要点として, 表復習-0 にまとめておきました.

4. 関数表現と経済学

経済学では, 複雑な現実の経済現象を説明し, 経済問題を解くときに, 単純な経済モデル (模型) を使います. 多くの経済モデルは, 因果関係を説明するために関数を用いて表現されます. 最初に, 1次関数をもう一度復習しましょう.

すでに説明したように, 関数とは「2つの変数 x と y があって, x の値が決まると, それに応じて y の値が1つ決まるという, x と y との対応関係」のことを意味していました. これを「y は x の関数である」と呼びました. 関数は英語で *function* というので, この頭文字 f をとって

$$y=f(x)$$

と表現します. x を独立変数 (原因), y を従属変数 (結果) とも呼びます. 1次関数 $y=ax+b$ は $y=af(x)+b$ とも表現できます. このように経済学では, 文字記号が多く使われます. 難しく考えないでください. 単純に言葉を記号に置き換えているだけです.

5.　1次関数のグラフ

　関数の意味を理解するために，次の例を考えます．ビールの消費量は夏場の
平均気温（℃）に大きく影響を受ける，と言われることがあります．このとき
ビールの消費量，つまりビールの購入額（円）が従属変数で平均気温（℃）が
独立変数となります．2つの変数の関係が表復習-1のようであれば，この関
係は，たて軸に購入額，よこ軸に気温をとる平面（図復習-0）では，右上がり

表復習-1　気温とビールの購入額

夏場の 平均気温 （℃）	ある個人の ビールの購入額 （円）	座標
0	400	A
5	600	B
10	800	C
15	1000	D
20	1200	E
25	1400	F
30	1600	G

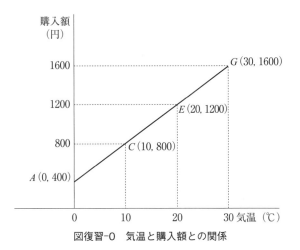

図復習-0　気温と購入額との関係

の直線として表現できます．1次関数を説明したいので，たて軸切片から始まる（気温はゼロ）グラフになっています．

このグラフは気温が高くなればビールの購入額も増えるというように，気温と購入額との間には比例の関係があります．このグラフは2つの座標 $C(10, 800)$，$E(20, 1200)$ を通る直線（1次関数）になっています．1次関数の定義式は $y = ax + b$，$(a, b$ は定数，$a \neq 0)$ なので，y を購入額，x を気温とすると，

$$C(10, 800) \rightarrow 800 = 10a + b$$
$$E(20, 1200) \rightarrow 1200 = 20a + b$$

となります．この連立方程式を解くと，傾き $a = 40$，たて軸切片 $b = 400$ と算出できます．$a = 40$ が直線の傾き，$b = 400$ がたて軸切片となります．たて軸を y，よこ軸を x とすると，線分 AG は

$$y = 40x + 400$$

という1次関数になっていることが分かります．

6. 関数の傾きとグラフの移動

このとき，傾き (a) の値 40 はグラフ（図復習-1）の中では，次のように求めることができます．

記号の Δ はギリシャ文字でデルタと読み，変数が変化した幅を意味します．傾きの大きさを求めることは，「よこ軸の変数の1単位の変化が，たて軸の変数に何単位の影響を与えているのか」を測ることを意味しています．この例では，気温が1度上昇すると，ビールの購入額が40円だけ増える，ということを意味しています．

この傾きの大きさを求めたように，経済学では，「ある変数のもう1単位の追加的な変化が他の変数にどの程度，追加的な影響を与えるのか」ということに関心があります．ですから1次関数の傾きの意味とその求め方さえ理解していれば，直線を用いた経済分析の多くを理解することができます．

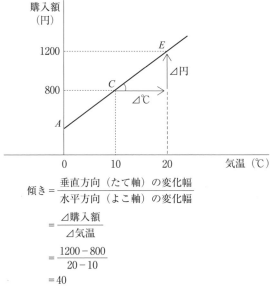

$$傾き = \frac{垂直方向（たて軸）の変化幅}{水平方向（よこ軸）の変化幅}$$

$$= \frac{\triangle 購入額}{\triangle 気温}$$

$$= \frac{1200 - 800}{20 - 10}$$

$$= 40$$

図復習-1　「傾き」の測り方

　図復習-2で表現したように，１次関数であれ，２次関数であれ，傾きの意味や求め方は同じです．後に説明するように，この追加的という言葉は一般的に限界的（*marginal*）という言葉で表現されています．そして経済学は，「合理的な人間はこの限界的な部分で最終の意思決定をする」と考えて分析します．これを限界分析と呼んでいます．

　図復習-3のように１次関数の定義式 $y = ax + b$　（a, b とも定数で $a > 0,\ b > 0$ とする）は $y = ax$ をたて軸方向へプラス b だけ平行移動したグラフです．ミクロ経済学では，価格や数量の変化が買い手や売り手の行動に与える効果を分析します．そのため買い手や売り手の行動を関数で表現し，グラフに描くときも，この移動する前と後の経済状態を比較します．この経済状態のことを経済学では均衡状態といいます．グラフが移動するメカニズム（原因と結果）の中に重要な経済問題が含まれています．グラフの移動には“時間”をともないます．この時間を含めた分析は動学分析と呼ばれ，理解するには難しい数学を必要とします．本書では移動の前後における均衡状態のみを比較します．これを

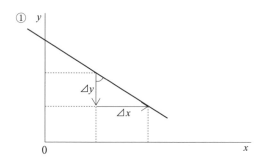

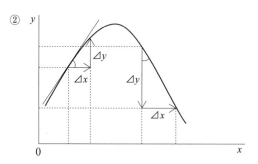

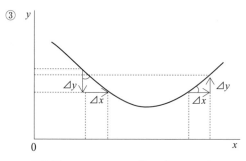

図復習-2　いろいろな「傾き」の測り方

比較静学分析と呼びます．図の中の点 A と点 B における x と y の組合せに違いが生じることの意味を深く考えるわけです．グラフは平行移動することもあるし，傾きが変化することもあります．

　グラフを移動させる要因や傾きを変化させる要因は複数ありますが，移動後に決まる x と y の組合せを内生変数と呼びます．例えば，内生変数は取引価格や取引数量です．これ以外の内生変数に影響を与える変数を外生変数と呼びます．外生変数には法（ルール），慣習，道徳，文化や決定したい内生変数以外のものです．本書では，内生変数の決定のみを考えます．

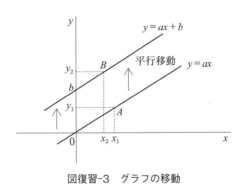

図復習-3　グラフの移動

7.　計　算　例

いくつか計算問題を解いてみます．

（問1）点 $(-1, 7)$ を通り，関数 $y = -2x - 3$ のグラフと平行になる1次関数の式を求めなさい．

（解答）求める式は元の式と平行になるので，傾き (-2) は共通です．定義式 $y = ax + b$ を使って $y = -2x + b$ に座標の値 $x = -1$，$y = 7$ を代入すると，$7 = -2 \times (-1) + b$ より，$b = 5$ となります．答えは $y = -2x + 5$ です．2つの式は図復習-4のような位置関係になります．

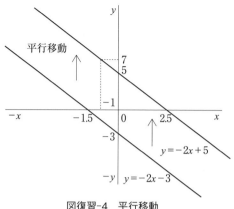

図復習-4　平行移動

(問2) 1次関数 $y=p(x+2)-q$ のグラフは点 $(2, 8)$ を通り，切片が4である．p と q の値を求めなさい．

(解答) 切片は4なので，$y=ax+4$ に座標の値 $x=2$，$y=8$ を代入すると，$8=2a+4$ より $a=2$ となります．

$y=p(x+2)-q=px+2p-q$ において，$p=2$ です．$2p-q$ は切片なので $2p-q=4$ より，$q=0$ となります．よって，答えは $p=2$，$q=0$ となります．

(問3) 次の1次関数が与えられる．

$$y=2x-4$$
$$y=-x+8$$

①グラフのたて軸に y，よこ軸に x をとり2本の関数を描きなさい．たて軸，よこ軸の切片も記入しなさい．解答は図復習-5のようになります．

②交点の座標を求めなさい．

解答．連立方程式を解くと，座標 (x, y) は $(4, 4)$ となります．

③交点を頂点，よこ軸切片を底辺とする三角形の面積を求めなさい．

(解答) 三角形の面積は（高さ×底辺）÷2です．グラフにおいて交点 E の y の値が高さ，距離 AB の長さが底辺なので，$\triangle EAB = (4 \times 6) \div 2 = 12$ となります．答えは 12 です．後で説明するように，経済学では直線で作られるこうした面積を求めることに重要な意味があります．

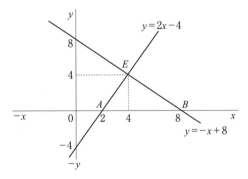

図復習-5　２本の直線

8. 関数と変域

y が x の関数であり，x の値が変化する範囲が限られていれば，それとともに y の値もある範囲内に決まります．x の値が変化する範囲を変域（定義域）と呼びます．例えば，１次関数 $y = 2x - 3$ で，x の変域が $-2 \leqq x \leqq 3$ のとき，y の変域，最大値と最小値を求めてみましょう．最初に，この関数をグラフに描

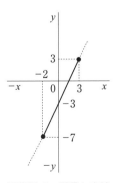

図復習-6　関数と変域

きます．図復習-6 をみてください．

$x = -2$ のとき，$y = 2 \cdot (-2) - 3 = -7$ です．

$x = 3$ のとき，$y = 2 \cdot (3) - 3 = 3$ です．

したがって，y の変域は $-7 \leqq y \leqq 3$ となります．この変域において，y の最大値は 3 であり，最小値は -7 です．

第 0 章

なぜ，経済学は難しいと思われるのか

1. 合理的行動とは何か

　経済学を勉強することが難しく思われるのは，ある一定レベルの数学が使われ，人間の行動や企業の行動を数式や文字記号で表現することにあるようです．また日常の生活の中では聞き慣れない多くの専門用語が使われるからです．例えば，経済学の中では個人や企業は合理的な選択をすることが前提とされることがあります．合理的とは，買い手（消費者）であれば「限られた予算を使って何か財（製品・商品）やサービスを購入するとき，損をしないような賢い選択をする」ことです．合理的な選択をすることによって，大切なお金（資源）を最も有効（効率的）に利用できる，と考えます．売り手（企業）であれば「最大の利潤を稼ぐために，望ましい社員の数を決め，利用する生産技術や工場の数を決める」ことです．つまり無駄が生じないように，生産に必要な資源やその量を選択することです．また，限界（*marginal*）概念も理解しにくい専門用語です．これについては次節で説明します．もう一つ経済学を難しいと思わせているものに経済学的な思考過程があります．経済学は人間の行動や企業の行動を仮定（仮説）―演繹（推論）―検証という思考過程を通じて理解しようとします．この思考過程は《科学的思考過程》である，と言われることもあります．

　最初に，理解しづらい合理的行動ついて説明します．すでに復習した1次方程式の意味を発展させて1次関数を利用します．そして数式を1次関数で表現

し，合理的な選択行動を考えてみます．事実，大学で学ぶ経済学は，中学生の
ときに勉強した1次関数，2元1次方程式とその連立方程式についての知識を
持ち，その解を求めることさえできれば，十分に理解できます．

　繰り返し説明しますと，yがxの1次式で表される関数

$$y = ax + b \quad (a, b \text{ は定数}, \ a \neq 0)$$

をyはxの1次関数であると定義しました．図0-0のように，たて軸にy，よ
こ軸にxをとるグラフでは，この式は直線になります．bはたて軸の切片，a
は直線の傾きを表しています．いずれもbは共通で，$b>0$とします．

　傾きaがプラス（$a>0$）であれば，xが増え（減）れば，yの値は増え（減
り）ます．傾きがマイナス（$a<0$）であれば，xが増え（減）ればyの値は減
り（増え）ます．これだけの意味が理解できていれば，経済学は難しくありま
せん．

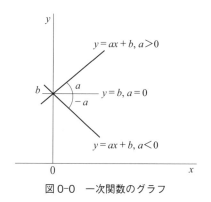

図0-0　一次関数のグラフ

　合理的な選択行動を考えるために次の文章問題を，1次関数を使って解いて
みましょう．

　設問：テレビのレンタルプランを考えます．

　Tプランは基本料金が3000円で，1日当たり80円の追加料金がかかる．

　Mプランは基本料金が2000円で，1日当たり100円の追加料金がかかる．

　このとき，MプランがTプランよりも得（安価）になるのは何日以下のレ

ンタルになるか，を答えなさい．

　解答．定義式 $y = ax + b$ にあてはめると，y は支払い金額，x は利用日数，a は 1 日当たりの料金，b は基本料金です．支払い金額（y）は利用日数（x）に比例し，基本料金（b）は一定額ですので，次の 1 次関数が作れます．

$$y = 80x + 3000 \quad \cdots\cdots\cdots \text{（T）}$$
$$y = 100x + 2000 \quad \cdots\cdots\cdots \text{（M）}$$

　問題を解くには（M）の右辺が（T）の右辺よりも小さくなる範囲を求めればよいのです．

$$100x + 2000 < 80x + 3000$$
$$20x < 1000$$
$$x < 50$$

　答えは 50 日以下となります．（T）式と（M）式をグラフで表現すると，図 0-1 のように描くことができます．（T）式では，傾きは 80，切片は 3000 です．（M）式では，傾きは 100，切片は 2000 です．2 つの直線の交点（$x = 50$）よりも左側で（M）式は（T）式よりも下方に位置しています．1 次関数の知識をもち，この問題を解くことができれば，損をしたくないと考えている賢い（合理的な）個人であれば，50 日までは M プランを選択することでしょう．

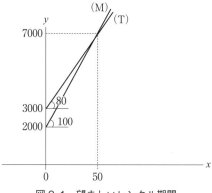

図 0-1　望ましいレンタル期間

この設問からも分かるように，経済学は数学そのものではありません．もちろん数学のみを用いて経済現象を説明する数理経済学という学問もあります．本書が対象とするのは，数学ではなくて，数式や記号に経済的な意味をもたせ，経済現象を説明し，経済問題を解くことです．この設問のように経済学は人間の行動や企業の行動を関数関係としてとらえようとする特長があります．そして1次関数の知識があり，連立方程式の解を求めることさえできれば，かなり多くの経済現象を説明することができます．

この設問の背景には，次のような経済学的意味が含まれています．買い手であれば，損をしないように購入することを合理的な行動であると説明しましたが，これは自分が購入しようとしている財（製品・商品）やサービスについて売り手が持っている情報や知識を買い手も等しく持っているという状態において言えることです．これを「情報の対称性」がある，といいます．財やサービスに関する情報はその多くを売り手が持っており，買い手は十分に持っていません．このことを「情報の非対称性」がある，といいます．この場合，情報は売り手に偏在している，といいます．情報の非対称性があると，買い手は意識の中では合理的であろうとしますが，その合理性には限界があります．これを「限定された合理性」といいます．買い手が限定された合理性の下で意思決定をするときには市場取引が成立しないこともあります（後節の「情報の非対称性」において説明します）．こうした背景を考えることも経済学の勉強になっています．

2. 限界概念とは何か

次に，限界概念について説明します．ここでは損をしない合理的な購入行動を限界概念を用いて説明します．日常の生活の中で"限界"という言葉を聞くと，もう体力がなくなり倒れてしまうとか，電車に乗る時間にぎりぎりで間に合わない，何かがほとんど無くなってしまう，というような意味で使っています．経済学の中で使われる限界の意味は，これとは違います．限界概念とは，「人間や企業の意思決定が正しいか否かは，現在の状態から，少し変化したと

きの状態が自分にとって望ましいものか否かによって判断される」という考え方です．少し変化したときの状態を「追加的あるいは限界的」という言葉で表現しています．英語では *marginal*（マージナル）と表現されています．

例として，ミカンの購入を説明します．ミカン 1 個 100 円として，すでに 3 個購入しているとします．この価格 100 円はミカンを大量に購入しても割引はなく，また買い手は価格を値切ることもできず，100 円のままとします．実際，多くの場合に，私たちは表示された価格に文句も言わず購入しています．追加的あるいは限界的な状態とは「もう 1 個ミカンを追加購入することが自分にとって，得か損かを考えること」です．普段，私たちはこうした選択あるいは意思決定をしています．"得" ということは，購入したミカンを食べることによって，空腹を充たし，ビタミン C を補給し，健康を維持すること，と言えます．"損" ということは，ミカンを購入するにあたり，大切なお金を支払うという苦痛をともなうこと，と言えます．得をメリット，損をデメリットと呼びましょう．

最初に，損（デメリット）から説明します．ミカンを追加購入するときのデメリットである限界（追加）的購入（支払い）金額は次のように求まります．すでに購入している 3 個（300 円 ＝ 100 円 × 3）から 4 個（400 円 ＝ 100 円 × 4）に増やすので，限界購入（追加的支払）額は 100 円（400 円 － 300 円）となります．当然のことですが，この 100 円はミカン 1 個の価格に等しくなっています．つまり，価格は 1 個だけ余計にミカンを購入するときに被る限界デメリットを意味しています．

ミカンの購入が増えれば，支払い金額も増えますが，一方でその消費から得るメリットも増加します．空腹を充たし，健康を維持することができます．ミカンの追加的な消費から得るメリットの増加を金銭的に評価し，ミカンの購入から得る限界メリットと呼びます．私たちは，限界メリットが限界デメリットを上回るかぎり，ミカンの購入量を増やします．一方，限界メリットが限界デメリットを下回るかぎり，ミカンの購入量を減らします．結局，私たちは，限界メリットと限界デメリットとが等しくなるところで望ましい購入量を決めます．そして，この購入量を合理的な選択をした結果であると考えます．

このように経済学では，現在の状態から，もう少し（限界的に）変化した
ときの状態をみて，この意思決定が正しかったか否かを判断するのです．そ
の際，経済学では人間をこうした合理的な選択をする主体とみなして分析しま
す．なお限界概念については，後にもう一度説明します．

3. 経済学は，なぜ合理性を前提とするのか

　持っている，あるいは使えるお金の額が限られているので，誰でも自分の
お金を自分のために有効に利用したいと思っています．「有効に」というのは
「効率的に」ということです．社会に存在する諸資源を有効に利用するという
合理的な意思決定がおこなわれるとき，経済学は諸資源が効率的に（無駄な
く）利用されると考えます．しかし現実をみると合理的に行動することを目指
していても，結果として希望したことが実現しないこともあります．あるいは
合理性にも限界があり，私たちは限られた範囲内で合理的に行動しようとして
います．理想と現実との間には乖離があります．この乖離がどの程度なのかを
知り，現実を理想へ近づける方法を考えるとき，まず理想と思える状態を作ら
なければなりません．したがって，経済学が人間の行動を合理性で説明しよう
とするのは，この理想の状態を作っているのです．これは机上の空論と言われ
ることもありますが，他方で「限定された合理性」という状態での人間行動を
分析する経済理論や政策論もすでに存在します．
　こうした経済学の人間像—人間は合理的に行動することを前提とする—は
他の学問の中のそれとは違うかもしれません．例えば，同じ社会科学である法
（律）学の中では最初から合理的に行動できない人間像が想定されることもあ
ります．これは「無能力者」という制度です．合理的な判断ができないであろ
う未成年者による契約・取引行為は取引相手の犠牲において取り消せること，
割賦販売や訪問販売で認められているクーリング・オフの制度などです．
　しかし，伝統的な法学の中にも経済学がいう合理的な選択行動が含まれてい
ます．法学が得意とする契約の自由は少なくともある一定の範囲内で，人間を
合理的な選択行動のできる判断者とみなしているはずです．また経済学の効率

性を上記のように理解する限り，とりわけ法律の実務家の行動も経済学がいう
合理的な選択行動で分析できます．例えば，裁判官は限られた時間，予算とい
う制約の下で，社会的にみて望ましい判決を下すよう効率的な裁判手続きをと
ることが求められています．つまり，裁判官も効率的な行動をとるようインセ
ンティブ（誘因）が与えられています．時効の制度も経済学がいう資源の効率
的な配分を達成させるインセンティブとして分析できます．

　たとえ結果はそうならなくても，人間は合理的に行動したいと思っているこ
とだけは確かなことです．こうした学問間にある人間像の違いを評価するため
にも，まず経済学の中の人間像を理解する必要があります．

4.　仮定（仮説）— 演繹（推論）— 検証

　最後に，経済学を難しいと思わせる原因にもなっている経済学の思考過程
について説明します．大型のタンカーを建造するときには，その縮小した模
型（モデル，あるいはミニチュア）を作り，水槽やプールに浮かべてその細部
の動きを試した後に，実物の建造に取りかかります．高層ビルや高層タワーを
建設するときも耐震や耐風を測るために模型を作ってさまざまな実験をした後
に，実物を建設します．経済学もこれと同じ作業をします．

　複雑な現実の経済問題や経済現象を直接分析することはほとんど不可能で
す．複雑な問題や現象をそのまま分析しても頭の中が混乱するだけです．そこ
で現実の経済を簡単化した模型を紙の上で作り，この模型の動きを調べます．
このような現実経済の模型のことを理論モデルと呼んでいます．

　理論モデルとは，次のような思考過程を意味しています．図 0-2 を見てくだ
さい．現実の経済問題や経済現象を分析するとき，まず問題や現象をしっかり
と観察して主要な特徴を見つけ，それを抽象化します．抽象化したこの特徴を
仮定（あるいは仮説）と呼びます．この仮定から論理的な手続き（演繹，ある
いは推論）によって，結論を導きます．この仮定から結論までの手続きを理論
モデルと呼んでいます．紙の上で作られた現実の経済の模型に他ならないから
です．理論モデルから結論が出ると，これを現実と照らし合わせてみます．こ

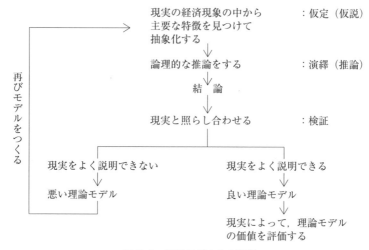

図0-2　理論モデル化の過程

　の作業を検証と呼びます．結論が現実の経済の動きをよく説明できれば，これ
は良い理論モデルである，と言われます．よく説明できないモデルであれば，
再び仮定を作り直し，結論を導き直します．同じ経済問題や経済現象を分析す
る場合でも，複数のモデルが作られることもあります．同じ結論を導けるので
あれば，仮定の少ないモデルほど良い理論モデルである，と言われます．理論
モデルの善し悪しの最終的な審判者は現実です．現実が個々の理論モデルの価
値を決定します．

　大学1年生に経済学を勉強し理解することを難しいと思わせる最大の原因
は，この仮定―演繹―検証という科学的思考過程にある，と言えるかもしれ
ません．それは日常の生活の中でこうした思考をする機会がほとんどないから
だ，と言えます．

　図0-3を用いて，具体的にこの思考過程を説明します．現実の経済現象とし
て，消費税率の引き上げが3人の消費行動に与える効果を考えます．

　Aさんはお金持ち．消費税率が上がると，車の購入をやめる．

　Bさんは学生．消費税率が上がると，本の購入をやめて図書館で借りる．

　Cさんは女性．消費税率が上がると，カフェでコーヒーを飲むのをやめる．

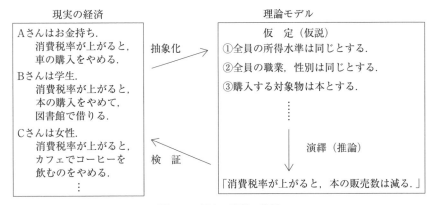

図 0-3　仮定・演繹・検証

　この経済現象から抽象化して仮定を作ります．

　　①全員の所得水準は同じであるとする．

　　②全員の職業，性別は同じとする．

　　③購入する対象物は本しかないとする．

　次に，演繹（あるいは推論）し

「消費税率が上がれば，本は売れない」

という結論を得たとします．

　最後に，この結論と現実とを照らし合わせる作業として，検証をおこないます．検証とは現実のデータを用いて税金の引き上げと本の販売冊数との間にある関係を調べることです．実際に本の販売冊数が減っていれば，この理論モデルは良いモデルである，と言えます．つまり現実の経済現象をうまく説明するモデルである，ということです．

第 1 章

ミクロ経済学

1. ミクロ経済学の目的

ミクロ経済学の目的は,「市場で決まる価格水準をインセンティブとして,各経済主体が下す意思決定が資源配分にどのような影響を与えるのか」を分析することです. 資源とは人,物,金,時間,組織など経済活動に利用できるあらゆるものを含みます. 価格水準の変化がインセンティブとなって,資源配分に影響を与えることから価格理論と呼ばれることもあります.

これだけの文章の中に説明を補足しなければならないことが多くあります. 順序にとらわれず説明しますと,ミクロ経済学に登場する経済主体は買い手,売り手と政府です. 多くの経済学のテキストでは,買い手を需要者,個人,消費者,家計と表現しています. 売り手は供給者,あるいは企業です. 企業と書くと,現場で何か物を作っている工場が想像されます. 会社と言えば,事務の仕事をしていることが想像されます. 経済学では,あまり会社とは表現せずに企業という言葉を使い,現場で何かを生産している主体を分析対象とします. ミクロ経済学では,政府も経済活動をする主体として分析対象になっています.

市場とは,「財やサービスが取引される場所,あるいは状況」を表現しています. 市場といえば,具体的に取引場所が想像されますが,一方,国際通貨市場のように現物のお金(円やドルなど)がある場所において取引されるのではなく,帳簿の上(今なら,コンピュータの画面上)で相互に取引される状況も

市場と呼びます．すでに本書では使用してきましたが，経済学のテキストでは，有形の「モノ」にあたる製品や商品を「財」と呼び，無形の「モノ」をサービスと呼びます．「モノ」とサービスの両者を合わせて財と呼ぶこともあります．さらに，この財は資源と呼ばれることもあります．経済学では，商品とか製品という言葉はあまり使いません．なぜなら企業が完成品を作る過程で投入される「モノ」やサービスがあるからです．これらは中間財と呼ばれます．例えば，1台の車を作るには，窓ガラス，シートの皮革やタイヤのゴムなど，他産業で作られた「モノ」を使います．企業はこうした中間財を投入して完成品を作ります．企業は生産者としての顔と中間財を購入する買い手としての顔も持っています．市場での取引や交渉を通じて価格水準は決まるので，市場の構造（参入や退出の難易，買い手の数，売り手の数，財やサービスの同質性など）は大切な役割をします．

インセンティブとは，買い手や売り手にある行動をとらせる原因あるいは理由のことです．例えば，液晶テレビの価格が下がると購入量が増えるという経済現象は価格の変化というインセンティブが買い手の行動に影響を与えていることを表しています．

経済主体の意思決定とは，「限られた予算や生産技術の下で，買い手は得をしたいと思うように予算を使い，売り手は利潤を最大にするよう生産技術を使う」ということです．これは限られた条件のもとで経済主体の目的を最大化することなので「制約条件付きの最大化問題を解く」と表現されることもあります．

資源配分とは，「資源が最終的に誰によって利用されるのか，あるいは資源の最終的な帰属（配分）先のこと」を意味します．資源は最終的にその価値を最も高く評価している経済主体のところへ帰属することになります．高く評価している経済主体は他の誰よりも高い価格を支払う意思があるからです．この資源の利用や帰属先をめぐって利害が対立しますが，この利害を調整するのが価格であると考えます．この価格による調整機能のことを価格メカニズムと呼びます．利用できる資源の存在量が無限であれば，利害の対立も生じないかもしれません．しかし，どんな資源の存在量も有限です．有限であるがゆえに，帰属先が問題になり，それをどう利用するのか，という選択の問題が生じます．

　こうしたことから経済学とは「希少な資源を用いて，どの財を生産し，誰に配分するのかを研究する学問である」と定義されています．

　このようにミクロ経済学では市場で決まる価格水準をみながら経済主体が意思決定をしている限り，資源配分は最も効率的になるという考え方をします．

　この説明を読むと，多くの経済問題は市場（価格）メカニズムを通じて解決できるという印象をもつかもしれません．しかし，市場メカニズムはいつもうまく機能するとは限りません．市場メカニズムに任せたがゆえに資源配分がうまくいかないこともあります．これを「市場の（資源配分に関する）失敗」と呼んでいます．これを修正し，補正するために政府が存在します．政府も経済主体です．経済主体であるがゆえに，政府も意思決定を誤り資源配分に失敗することがあります．これを「政府の失敗」と呼んでいます．ミクロ経済学は純粋に市場で取引をする民間経済部門のみならず政府分門も分析対象としています．また市場では取引のできない人間の行動である犯罪や不法行為などを市場取引できるものとみなして分析対象とすることもあります．

2.　分　析　手　法

　財やサービスが取引される市場は無数にあります．そして，それらの市場は相互依存的な関係にあります．例えば，リンゴの価格はリンゴの市場のみでなく，その他のガソリンや車の市場で決まる価格にも依存しています．ガソリンの価格が上昇すると，農作業に車を使いますので，リンゴ農家の作業コスト（費用）が上がります．当然，農家はコストを回収するためにリンゴを高い価格で売りたいと思います．ガソリンの価格の上昇は農家にとって生産コストの上昇と同じことになります．こうしてガソリンの価格の変化はリンゴの価格にも影響を与える可能性があるのです．このように無数にある市場での取引価格と取引数量を同時に分析する方法を「一般均衡分析」と呼びます．

　同時に多数の市場を分析対象とする一般均衡分析では経済問題の本質が見えにくいことがあります．そこで「他の事情を一定として」（セテリス・パリブスというラテン語で表現されることもあります），ある特定の財やサービス

の市場における取引価格と取引数量の決定を分析する方法があります．この方法を「部分均衡分析」と呼びます．したがってリンゴの価格の決定を分析するときには，ガソリンや車の市場は分析対象から除きます．こうすることによって，リンゴの市場でのみ発生している問題を鮮明にするのです．本書では理解のしやすい，部分均衡分析のみを説明します．

3.　実証的分析と規範的分析

ミクロ経済学は市場で決まる価格を中心とする資源配分のメカニズムを研究する学問です．研究するというとき，現実の経済問題を理解することに重点をおくのか，理想的な経済状態を実現するよう経済の「あるべき姿」に重点をおくか，のいずれかがあります．前者は実証的分析と呼ばれ，価値観をいっさい含まず，純粋に論理あるいは事実でもって証明し実証する方法論です．この方法論は必ずしも現実の経済データを分析する統計学や計量経済学を意味するわけではありません．後者は規範的分析と呼ばれ，ある価値基準を導入し，その価値基準のもとで，経済問題がどう解決されるべきかを分析する方法論です．経済学の価値基準は効率性や公平性です．この価値基準を設定するには，実証的分析が必要になります．実証的分析は実証経済学と呼ばれ，規範的分析は厚生経済学とも呼ばれています．

例えば，次の文章を考えてみましょう．「タバコの喫煙は吸っている本人以外の人にも害を及ぼすので，タバコの税金を引き上げることは喫煙量を減らすので良いことである．」この文章の「タバコの税金を引き上げることは喫煙量を減らす」ということは実際に税金を引き上げる前後の喫煙量を観察することによって証明できます．また「良いことである」は価値判断を含んでいます．この場合，健康は害されず，体力を生産活動に向けることによって，生産を効率的にする良い効果があるかもしれません．また愛煙家のみが税金を支払うわけですから，課税の公平性も確保できています．現実の経済問題はこのように実証的な部分と規範的な部分からなっています．よって何か経済問題を理解し解決するには，両方の方法論を身に付けなければなりません．

4. ミクロ経済学の応用分野

　ミクロ経済学は市場と名前の付く限り，あらゆる市場における人間の行動を分析対象とします．それ故に，さまざまな応用分野をもっています．もちろん，これらは個別に応用されているわけではなく，各応用分野は重複しています．一例を紹介します．

　経済政策論，あるいは財政学：課税，価格規制（価格支持政策），「市場の失敗」への対処など政府の経済活動を分析します．政府行動のミクロ経済分析と呼んでもいいかと思います．近年では，政府部門を含めた公的活動を分析することから公共経済学という名称に代わりつつあります．

　国際貿易論，あるいは国際経済学：2国間や多国間における相対価格という概念を使って貿易がおこなわれる根拠や産業構造などに与える効果を分析します．

　数理経済学：数学的手法を経済学に応用し，一般均衡論や経済動学という時間概念を含んだ研究をする分野です．

　ゲーム論：2人，あるいはそれ以上の経済主体が対立する目的を相互依存的に達成するプロセスや結果の効率性を研究する分野です．多くの応用分野をもっており，伝統的なミクロ経済学に取って代わる勢いで発展しています．

　産業組織論：いわゆるミクロ経済学の市場や企業理論を応用した分野です．特定の産業における資源配分の効率性を評価します．政府規制の効果を評価することもあります．

　その他に労働経済学，都市経済学や農業経済学があります．数理経済学，統計学，ミクロ経済学，マクロ経済学とコンピュータによるプログラミングを総合した計量経済学もあります．また新しい応用分野として，経済活動以外の法現象を経済活動の一環とみなして分析する「法の経済分析」という分野も発展しつつあります．このように応用分野が広いことから，ミクロ経済学はマクロ経済学とともに経済学部の学生であれば，必ず学習しなければならない科目となっています．

第 **2** 章

ミクロ経済学が分析対象とする資源

1. 財・サービス，需要者・供給者，市場と価格

　もう一度，次のことを確認しておきましょう．経済学では買い手のことを個人，消費者，家計，あるいは需要者と呼びます．売り手のことを企業，あるいは供給者と呼びます．経済学では，会社という表現はあまり使いません．会社というと事務作業をしているイメージがあり，企業というと，現場で何かを作っている，生産しているというイメージがあります．

　企業が生産し，販売している「モノ」のうち，有形の「モノ」を一般的には商品とか製品と呼んでいます．車，時計，テレビなどです．これらは「財」と呼ばれます．そして無形の「モノ」はサービスと呼んでいます．先生の教育指導，プロ野球選手のプレー，映画，歌手のコンサートなどはサービスです．有形・無形をまとめて財と呼ぶこともあります．本書では，いずれの表現をしても意味は同じです．

　そして買い手と売り手がお金と財やサービスを交換しあう場や状況のことを市場と呼んでいます．市場では必ず取引価格が存在します．財・サービスを取引する市場を生産物市場といい，そこでは生産量や購入量と販売価格が決まります．労働市場で決まる労働サービスの価格は賃金率です．土地や住宅市場の価格は地代，地価です．正確に言うならば，地代とは，ある土地を一定期間だけ使用する権利のための価格です．地価とは，毎年継続して使用できる権利のための価格です．金融の貸出し市場では利子率が価格です．国際通貨市場で

は自国通貨と外国通貨の交換比率である為替レートが価格となります．

　ここで場所としての市場は理解しやすいと思います．具体的に，店頭をイメージすればいいわけです．状況としての市場というのは，為替レートのように，具体的に自国通貨と外国通貨を特定の場所で交換しているわけではなく，コンピュータの中の帳簿上で取引（売り買い）している状況のことです．財やサービスをインターネット上で決済し，購入するときはネット上が市場になっています．

2．経済財，自由財とバッズ

　消費や生産などの経済活動に利用できるあらゆるものを経済資源と呼びます．経済資源は大きく経済財と自由財に分けることができます．

　経済財には生産活動に投入する要素（土地，労働，資本）があります．これに加えて組織や時間を含めることもあります．経済財とは，市場で取引ができる財やサービスのことであり，一般的に人間の必要を充たすほど十分には存在しない財・サービスのことです．「……十分には存在しない」ので有限です．そうした財・サービスには希少性があり，価値があるといいます．希少ということは財やサービスの絶対量が少ないという意味ではなく，必要とする量に比べて存在量が少ないということです．価値があるので市場で価格付けがおこなわれ取引の対象となります．土地，労働と資本は有限であり，価値を有することは理解しやすいと思います．普段，私たちがお金を払って購入している財やサービスのことです．これらは政府が供給している公共財と区別するとき，私的財と呼ばれます．

　人間で構成される組織もその創り方によっては価値を生み出しますので経済財と考えることができます．価値を生み出す組織には希少性があることになります．Time is money．というように時間も価値を生み出す財やサービスと考えます．事実，誰にとっても時間は有限です．1日は24時間しかありません．人生も1度きりです．無限に生きられる人間はいません．これは「機会費用」という概念を使うと理解しやすくなります．生身の人間は，体は1個しか

ありませんので，2個以上の選択肢からある行動を選ぶと，他方を選ぶ機会を
失います．この失った機会を費用計算したものが機会費用です．例えば，ある
大学4年生が300万円の年収が入手できる会社から就職の内定をもらっている
としましょう．しかし，運悪く（?）卒業に必要な単位を修得できずに1年間
留年をしたとしましょう．留年をしたわけですから大学に通っています．この
とき，この学生の機会費用は300万円です．1年間という時間をかけて300万
円の価値を生む機会を犠牲にしたわけです．学生にとって，1年間という時間
は希少価値を有しているわけです．

　また経済財を入手するには，しばしば「取引費用」をともないます．取引費
用とは取引に付随して余分にかかる費用のことです．例えば，200万円の新車
を購入するために，休日に地下鉄を使ってディーラー回りをし，新車を特集し
ている雑誌を購入して，品定めをする場合に出費する地下鉄代金や雑誌代金な
どです．200万円の新車を入手するために余分な費用をかけています．留年を
している学生であれば，卒業証書を手に入れるために余分な時間とお金（学費，
交通費，文房具代，教科書代金など）をかけています．このお金が取引費用で
す．

　経済財は経済活動に役立つものです．そのため市場取引ができました．財や
サービスの持ち主と購入したい人との間で相互にお金と財やサービスが交換さ
れます．経済財とは人間にとって「使用価値」と「交換価値」のある財・サー
ビスである，と言えます．使用価値があるとは，人間にとって精神的な満足度
である効用を高めることができること，とも言えます．

　自由財とは，人間の必要を充たす以上に存在する財やサービスのことです．
「……必要を充たす以上に存在する」場合，そうした財・サービスには希少性
がなく，交換価値をもたないことがあります．交換価値がありませんので，こ
うした財・サービスは無料で入手できます．一般的な例として，お金を払わ
ずに吸っている空気があります．空気は吸わなければ生きていけませんので使
用価値はあります．効用を高めてくれるわけです．しかし，空気は必要以上に
存在しますので，誰もそれに有難味を感じません．つまり価値を見いださない
わけです．ただし，富士山の山頂の清浄な空気をペットボトルに詰めて店頭販

売するときの空気は価格が付いていますので，自由財ではなく経済財となります．富士山の山頂の空気は登らない限り，吸えませんので，希少性があります．事実，山頂に近づくにつれて酸素は薄くなり希少な価値をもつことになります．山頂の清浄な空気を登らないで吸ってみたいという人にとっては価値があります．そこで，ある価格を付けると，取引可能な経済財になることがあります．これらの経済財や自由財は人間の効用を高める財やサービスです．

　一方，市場取引ができない財やサービスもあります．手元にあれば，不快な思いをさせられるものです．交換価値も使用価値も無く，効用を下げてしまうものです．一般的な例として「ゴミ＝廃棄物」があります．不快なものを誰かに引き取ってもらおうとすれば，持ち主が処理業者にお金を支払うことになります．こうして「ゴミ」の市場を作るわけです．この場合，「ゴミ」とお金が一方的に処理業者へ流れます．こうした財・サービスは「バッズ」と呼ばれます．家電リサイクル法におけるリサイクル料金やごみの有料化制度が典型的な事例です．

　多くの財やサービスは初めに経済財の性格を持ち，その後バッズになります．缶コーヒーは中身があるうちは飲めば喉を潤してくれる（効用を高めてくれる）という使用価値があり，残りを誰かに売ってあげれば，依然として交換価値をもっていますので経済財です．しかし飲み干した後の空の缶はバッズです．この空の缶を収集して再び缶やそれ以外の交換価値と使用価値を持つ経済財に変換する一連の活動をリサイクルといいます．いずれの財・サービスも経済資源として経済学の分析対象になっています．

3．公共財，価値財，共有財とクラブ財

　市場が効率的な資源配分を達成できるかどうかを考えるとき，2つの特性から財やサービスを分類することができます．一番目は「対価を支払わない，ある人がその財・サービスを消費（利用）することから排除できるどうか」という消費の排除可能性の性質です．二番目は「ある人がその財・サービスを消費（利用）すると他の人の消費（利用）が減少するかどうか」という消費の競合

性です．

　一般的にお金を払って購入し，消費している財やサービスを私的財と呼びます．お金を払った人が占有して消費できますので，他人を排除することが可能であり，かつ競合します．例えば，カップラーメンの大好きな人がすべてを買い占めれば，他の人は誰も消費できなくなります．

　公共財とは，排除が不可能でかつ競合性がないものです．例えば，自然公園で清浄な空気を胸一杯吸ったとしても，他の人が同時に同じ空気を吸う量が減ることはありません．つまり競合しません．また無料で吸っているからといって，他の人が吸うことを排除できません．つまり排除が不可能です．こうした性格を持つ財やサービスには国防や灯台があります．一般的に政府が供給している財が想像されます．しかし，私的財として供給することができるにもかかわらず，政府が社会的に重要であるとみなして供給している財・サービスもあり，それを価値財と呼んでいます．医療や義務教育があります．

　排除はできませんが，競合性がある財として，魚類資源があります．これは共有（資源）財と呼ばれています．排除できず無料で使用できますので，資源の乱獲が起こりがちです．経済学では「共有地の悲劇」として分析されています．

　お金を払った人のみが利用でき（排除性あり），その人たちだけで利用する限り競合もしないという財やサービスがあります．これはクラブ財と呼ばれています．会員制のテニスクラブのように，会費を払っているメンバーのみがコートを優先して利用できる場合です．他にケーブルテレビや会員制のゴルフクラブなどがあります．

4.　経済活動以外の分析

　経済学は，こうした財やサービスを分析対象としますが，これら以外に市場で取引ができるものとみなして分析する財・サービスがあます．極端な言い方をすると，犯罪行為も個人の合理的な選択行動とみなして，その売買行動を分析することができます．潜在的な犯罪者が合理的に行動するのであれば，犯罪

から得る利益と逮捕された後の刑罰から受ける機会費用とを比較し，機会費用が利益を上回ると予想すれば，犯罪を実行しません．先ほど説明したように，機会費用とは2つの選択肢があったとして，一方を選べば他方を選べませんが，この選べず犠牲にした機会を費用計算するという考え方です．犯罪者であれば，逮捕されて刑務所に服役している間に本来まじめに働いていれば得たであろう収入のことです．この収入を犠牲にして服役しているわけです．経済学での生産活動あるいは供給というのは，この機会費用の考え方をします．他の生産に利用されていれば，得たであろう利益を犠牲にして，目の前の財・サービスの生産に投入していると考えます．

　もう少し分かりやすい例を挙げますと，車を運転中に赤色の信号無視やスピード違反をすると，反則キップ（正確には交通反則告知書，青色キップといいます）をきられ，指定の期日までに反則金を政府へ納めなければなりません．免許証の違反点数が増え，免許停止や取り消しされてしまうことを考慮しなければ，いくらでも反則金を支払えるお金持ちは信号無視やスピード違反を繰り返し犯すことができます（普通車を運転中に信号無視をすると点数は2点減点され，9000円の反則金を納付しなければなりません）．つまり反則キップを購入している状況と同じです．キップの売り手は警察官です．こうした違法行為も市場が成り立つものとして分析対象になっています*．

　また，しばしば警察官，弁護士，検察官，裁判官などが不祥事を起こし，社会的な制裁を受けている場合があります．こうした人たちは，本来，庶民の模範となるよう法やルールを守る義務があります．しかし彼らが違法行為を犯す背景には“損はしたくない，得をしたい”という経済合理性が潜んでいます．したがって，こうした法の番人と呼ばれる人たちの行動もミクロ経済学で説明できることになります．すでに，こうした現象は「法の経済分析」というミクロ経済学の応用分野で分析されています．

＊免許証の違反点数とは，反則金以外に交通ルールを遵守させるインセンティブとなっており，交通違反や交通事故に対して点数を付け，その合計点数が一定の基準に達した場合，運転免許の効力の停止が命じられます．酒気帯び運転だと違反点数25点で免許が取り消されてしまいます．

第 3 章

需要関数と供給関数

1. 需 要 関 数

　図3-1は，1次関数 $y=-\dfrac{1}{2}x+100$ をグラフにしたものです．たて軸切片は 100，傾きは $-\dfrac{1}{2}$ の右下がりの直線です．この式全体では，x が増えると，y は減ります．逆に，x が減ると，y は増えます．x と y は反比例の関係にあります．

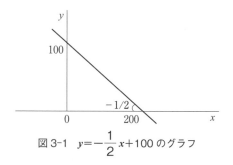

図 3-1　$y=-\dfrac{1}{2}x+100$ のグラフ

　いま，記号の y を P に代え，x を Q に代えると，

$$P=-\frac{1}{2}Q+100$$

となります．これも1次関数です．

　たて軸に P，よこ軸に Q をとり，グラフに描くと，図3-2のようになります．この式全体では，Q が増えると，P は減ります．逆に，Q が減ると，P は

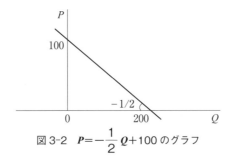

図3-2　$P=-\dfrac{1}{2}Q+100$ のグラフ

増えます．Q と P は反比例の関係にあります．

　経済学は記号に意味を持たせますので，P をある財やサービス1個当たりの価格，Q を買い手のその購入量としましょう．価格 P が上がると，購入量 Q は減り，P が下がると，Q は増えます．この価格と購入量との関係を関数で表現したものを，需要関数と呼びます．P は英語の *Price*（価格），Q は *Quantity*（数量）の頭文字です．注意して欲しいことですが，この式全体で具体的な金額（例えば，700円とか2500円）を表現しています．例えば，消費税（10％＝0.1×100％）を上乗せした価格を計算するときには $P(1+0.1)=[-\dfrac{1}{2}Q+100](1+0.1)$ となります．P が独立変数，Q が従属変数です．

　記号で表現すると，

$$Q=f(P)$$

と書くことができます．

　1次関数 $P=-\dfrac{1}{2}Q+100$ は Q の変化に対して P がどう変化するのかを表現しています．P と Q との関係が需要関数 $Q=f(P)$ とは逆の関係になっているので，逆需要関数と呼びます．需要関数に表現し直すには，Q を左辺へ，P を右辺へ移項すればよいわけです．よって，$Q=-2P+200$ となります．需要は英語で *Demand* と表現しますので，ここでも *Demand* の頭文字をとって Q を D と表記します．

　需要関数は

$$D = -2P + 200$$

と書くことができます.

　価格が 50 のとき, 需要者 (買い手) は 100 だけ購入します. これは D の式
の P に 50 を代入して,

$$D = -2 \times 50 + 200 = 100$$

と, 算出します. 同様に, 価格が 60 のときは $D = 80$ となります. これを一覧
表にしたものが, 表 3-1 です. 価格と購入量は反比例の関係になっています.

表 3-1　価格と購入量

価格 (P)	購入量 (D)
50	100
60	80
70	60
80	40
90	20
100	0

2.　供 給 関 数

　同じように, 1 次関数 $y = x + 10$ をグラフに描いたものが, 図 3-3 です. た
て軸切片は 10, 傾きが 1 の右上がりの直線となっています. この式全体では,
x が増えると, y も増えます. x が減ると, y も減ります. x と y は比例の関係
にあります.

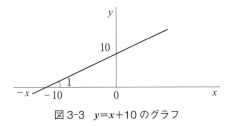

図 3-3　$y = x + 10$ のグラフ

いま，記号の y を P に代え，x を Q に代えると，

$$P=Q+10$$

となります.

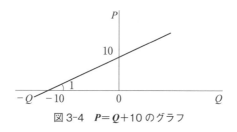

図3-4　$P=Q+10$ のグラフ

たて軸に P，よこ軸に Q をとり，グラフに描くと，図3-4のようになります．この式全体では，P が上がると，Q は増えます．P が下がると，Q は減ります．P と Q は比例の関係にあります．Q を企業（売り手）の生産量とし，この価格と生産量との関係を関数で表現したものを，供給関数と呼びます．生産したものがすべて売れると考えると，生産量は販売量と表現してもかまいません．

　記号で表現すると，

$$Q=f(P)$$

と書くことができます．1次関数 $P=Q+10$ は Q の変化に対して，P がどう変化するのかを表現しています．P と Q との関係が供給関数 $Q=f(P)$ とは逆の関係になっているので，逆供給関数と呼びます．供給関数に表現し直すと，$Q=P-10$ となります．供給は英語で $Supply$ と表現しますので，ここでも Q を $Supply$ の頭文字をとって S と表記します．

　供給関数は

$$S=P-10$$

と書くことができます．

　価格が 50 のとき，生産者（売り手）は 40 だけ生産（販売）します．これは S の式の P に 50 を代入して，

$$S = 50 - 10 = 40$$

と，算出します．同様に，価格が 60 のときは S=50 となります．これを一覧表にしたものが，表 3-2 です．価格と生産量は比例の関係になっています．

表 3-2　価格と生産量

価格（P）	生産量（S）
50	40
60	50
70	60
80	70
90	80
100	90

3.　市　場　均　衡

　さて，多くの経済取引は市場という場（あるいは状況）においておこなわれています．市場では買い手と売り手がいて，自分たちの望ましい価格で望ましい数量だけ財やサービスを購入し，生産（販売）します．

　たて軸に P，よこ軸に D と S をとって，需要関数と供給関数を一つのグラフに描いてみます．それが図 3-5 です．D と S は買い手と売り手に共通ですので，先ほど出てきたように Q と表現することもあります．Q は英語の数量 *Quantity*，P は買い手と売り手が直面している財やサービスの 1 個当たりの価格（*Price*）でした．グラフを描くときには必ず，たて軸切片，よこ軸切片の値も記入するよう心がけてください．2 つの関数，軸によって作られる三角形や四角形の面積は経済学にとって重要な意味があります．この面積を算出するときに切片の値は大切な役割をします．

　表 3-3 は，各価格水準に対応する買い手の購入量と売り手の生産（販売）量，価格交渉力，価格の変動方向などを一覧表にしたものです．図 3-5 は価

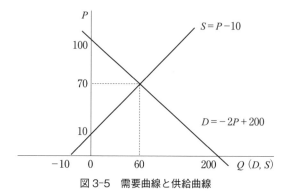

図3-5　需要曲線と供給曲線

表3-3　価格，需要・供給，交渉力と価格の変動

	価格 P	買い手 D	売り手 S	価格 交渉力	価格の 変動
	40	120	30	売り手が強い	
	50	100	40	売り手が強い	価格は上がる
	60	80	50	売り手が強い	
均衡価格	70	60	60	等しい	パレート最適（効率）
	80	40	70	買い手が強い	
	90	20	80	買い手が強い	価格は下がる
	100	0	90	買い手が強い	

　格と数量をグラフにしたものです．いずれの表と図をみても，次のことが分かります．価格が90のときには，売り手の生産（販売したい）量（80）が買手の購入したい量（20）を上回っています．売り手にとって売れ残り（在庫）が発生している状態です．この状態を超過供給と呼びます．この90という価格をめぐって買い手と売り手が交渉をすると，買い手が勝ちます．そのため売り手は価格を下げて，在庫をすべて売りつくそうとします．売り手が提示する価格が70になるまでは買い手の価格交渉力が売り手のそれを上回ります．一方，価格が50のときには，数量でみて60だけ品薄の状態が発生しています．この状態を超過需要と呼びます．この50という価格をめぐって買い手と売り手が交渉をすると，売り手が勝ちます．品薄の状態ですので，買い手間で他の人よりも高い価格で購入しようとする競争が生じます．したがって売り手は価格を

引き上げて売ることができます．価格が70になるまでは売り手の価格交渉力が買い手のそれを上回っています．価格が70になると，60の取引量で買い手も売り手も納得し，もうこれ以上価格交渉はおこなわれません．この価格と取引量との組み合わせ（70，60）は両者の交渉力が一致したときの状態です．この価格を均衡価格，取引量を均衡数量と呼んでいます．後に説明しますが，この均衡点では資源が最も効率的に利用されており，均衡点はパレート最適（効率）とも呼ばれています．パレートとは経済学者の名前です．

　このように価格と数量が均衡点へ向かって動く性質を，市場均衡の安定性といいます．この場合，超過供給や超過需要は価格の引下げ，引上げというように価格によって調整され，最終的に需要と供給が一致しました．価格による調整を通じて均衡点が決まることをワルラス的安定といいます（図3-6を参照してください）．ワルラスは経済学者の名前です．

　もう一つの調整方法として数量による調整があります．図3-7において，供給価格とは売り手が売りたいと考えている価格水準です．需要価格とは買い手

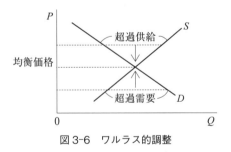

図3-6　ワルラス的調整

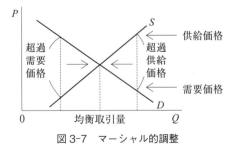

図3-7　マーシャル的調整

が払ってもよいと考えている価格水準です．2つの直線の交点より右側で示したように，供給価格が需要価格を上回ると（超過供給価格），買ってもらえないので売り手は生産量を縮小して，供給量を減らします．逆に，交点の左側のように需要価格が供給価格を上回ると（超過需要価格），さらに多く購入したいという買い手間での競争が発生するので売り手は生産量を拡大して，供給量を増やします．このように超過供給（需要）価格に応じて数量が変動して需要量と供給量が調整されます．この調整を通じて均衡点が決まることをマーシャル的安定といいます．マーシャルも経済学者の名前です．

　この均衡価格と均衡数量はグラフで表現した需要関数と供給関数とが一致した交点のたて軸の数値とよこ軸の数値の組合せになっています．図3-8を見てください．もう一度，交点の座標の数値を求めてみます．

$$需要関数 \quad D = -2P + 200$$
$$供給関数 \quad S = P - 10$$

この2つの式を $D = S$ とおいて，P について解くと，

$$-2P + 200 = P - 10$$

より，$P = 70$ となります．この値をいずれかの関数に代入すると

$$D = -2P + 200 = -2(70) + 200 = 60$$
$$S = P - 10 = 70 - 10 = 60$$

より $D = S = Q = 60$ が求まります．

　なお，需要関数，供給関数が1次関数で与えられ，グラフに描かれるときには必ず直線となりますが，経済学のテキストでは直線であっても，慣例として需要曲線，供給曲線と呼びます．曲線（直線）も直線（曲線）の一部であると考えてください．ただし，方程式が1次関数で与えられるかぎり，グラフは直線で描かれます．

　ところで，図3-8の場合には，うまく均衡価格と均衡数量が決まりました．しかし，均衡点が決まらない場合もあります．均衡点が決まるときには，交点

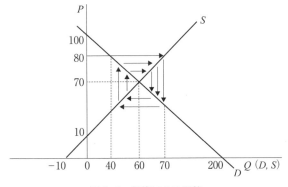

図 3-8 価格による調整

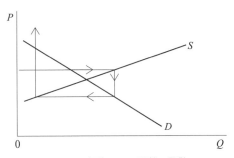

図 3-9 価格による調整：発散

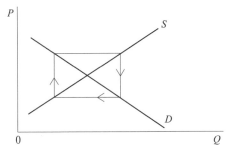

図 3-10 価格による調整：循環

における供給曲線の傾きは需要曲線のそれよりも大きくなっています. 図3-9のように, 交点における供給曲線の傾きが需要曲線のそれよりも小さいとき, たとえ超過供給が発生し価格は下がっても均衡せずに発散してしまいます. また図3-10のように, 2つの曲線の傾きが等しければ, 価格は循環します. このように均衡点が決まるか否かは曲線の傾きに依存していることが分かります.

この章では1次関数を発展させて需要関数と供給関数を説明しました. $y = ax + b$ は, よこ軸 x の変化 (Δx) にともなって, たて軸 y の値 (Δy) が変わります. そこで, 需要曲線と供給曲線の交点における傾きの違い ($\Delta P/\Delta D$ と $\Delta P/\Delta S$) から均衡価格と均衡数量が決定することを説明しました. しかし, 前の章でみたように, 傾きということは, ある変数の変化が他の変数に与える影響を測ることです. このことは同じ金額だけの価格の変化があっても, 買い手と売り手とでは受ける影響の大きさに違いがあるということを意味しています. つまり需要曲線や供給曲線を考えるときには, たて軸の変化 (ΔP) がよこ軸の需要量 (ΔD) と供給量 (ΔS) に与える効果をみなければなりません. これについては次章で説明します.

第4章

弾力性の概念

　買い手である私たちが財やサービスを購入するときに，最初に気にかけるのは，これらの価格水準です．前の章でみたように価格水準が下がると購入量を増やします．しかし，価格水準が下がっても購入量を増やさない財・サービスもあります．売り手も価格水準をみながら生産量を増やしたり，減らしたりします．そこで，価格水準の変化に応じて，購入量や生産量がどの程度影響を受けるのか，を知る必要があります．

1. 需要の価格弾力性

　図4-1のように，価格 (P_1) が400のときの需要量 (D_1) は500です．いま価格が50だけ上昇して $P_2 = 450$ になったときの需要量は $D_2 = 450$ です．この価格の変化率に対する需要量の変化率を「需要の（自己）価格弾力性」と定義します．

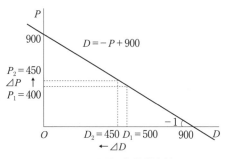

図 4-1　需要の価格弾力性

$$需要の価格弾力性(\varepsilon) = -\frac{需要量の変化率(\%)}{価格の変化率(\%)}$$

需要の価格弾力性とは，価格が1%変化したときに買い手の需要量が何%変化するかを測る指標です．εはイプシロンと読みます．この弾力性を計算するときには，必ず－（マイナス）の記号を付けて計算します．なぜなら需要曲線は右下がりに描かれ，価格の変化と需要量とは反比例の関係にあるからです．あるいは弾力性をプラスの値で表現するためです．

図 4-1 の数値を使って，弾力性を計算します．

$$価格の変化率(\%) = \frac{価格の変化幅(\varDelta P)}{変化前の価格(P_1)}$$

$$需要量の変化率(\%) = \frac{需要量の変化幅(\varDelta D)}{変化前の需要量(D_1)}$$

分子と分母の値は次のように計算します．

変化前の価格$(P_1) = 400$，P_1 のときの需要量$(D_1) = 500$.

変化後の価格$(P_2) = 450$，P_2 のときの需要量$(D_2) = 450$.

価格の変化幅$(\varDelta P) = $ 変化後の価格$(P_2) - $変化前の価格$(P_1) = 450 - 400 = 50$

需要量の変化幅$(\varDelta D) = $ 変化後の需要量$(D_2) - $変化前の需要量$(D_1) = 450 - 500 = -50$

次に，これらの数値を定義式に代入します．

$$需要の価格弾力性(\varepsilon) = -\frac{需要量の変化率(\%)}{価格の変化率(\%)}$$

$$= -\frac{\dfrac{\varDelta D}{D_1}}{\dfrac{\varDelta P}{P_1}}$$

$$= -\frac{\varDelta D}{\varDelta P} \times \frac{P_1}{D_1}$$

$$= -\frac{-50}{50} \times \frac{400}{500}$$

$$= 0.8$$

$$\frac{\Delta D}{\Delta P} = \frac{D_2 - D_1}{P_2 - P_1} = \frac{需要量の変化幅}{価格の変化幅} : 価格が1円上昇したことによる需要量の変$$

化幅を意味します.

　$\Delta D/\Delta P$ は図4-2の直線の傾きです. よって,

$$需要の価格弾力性(\varepsilon) = -\frac{\Delta D}{\Delta P} \times \frac{P_1}{D_1} = -(傾き) \times \frac{P_1}{D_1}$$

と表現することもできます.

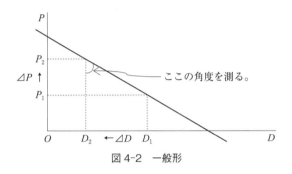

図4-2　一般形

　この定義より, 需要の価格弾力性は $\varepsilon = 1$ を基準として, $\varepsilon > 1$, $\varepsilon < 1$ に分け
ることができます.

$$需要の価格弾力性(\varepsilon) = -\frac{\Delta D}{\Delta P} \times \frac{P_1}{D_1} \gtreqless 1$$

$\varepsilon = 1$ は価格の変化率と需要量の変化率が同じであり, 中立的（単位弾力的）
　　と呼びます.

$\varepsilon > 1$ は価格の変化率以上に需要量の変化率が大きい場合であり, より弾力的
　　であると呼びます.

$\varepsilon < 1$ は価格の変化率よりも需要量の変化率が小さい場合であり, より非弾力
　　的であると呼びます.

　より弾力的な財やサービスとして, 宝石などの贅沢品や旅行があります. 高
価な宝石の値段が下がれば, 買いたいという人は大勢現れますし, 格安のパッ
ク旅行が流行っていることをみれば分かります. また, 他に代替しうる財・
サービスがあれば, 価格の変化に大きく反応することもあります.

　より非弾力的な財として，食料品などの生活必需品があります．料理に塩は必要ですが，価格が変動しても，消費量はほとんど変化しません．特殊な仕事にしか使用されない財の弾力性も小さいと考えられます．例えば，学術書は研究者のみが購入するものなので，多少高価であっても，購入せざるを得ないことがあります．他に代替できるものがない財やサービスについては，より非弾力的になることが分かります．

　図4-3は価格 P_1 を基準として，3つの弾力性の違いを表現しました．なお，極端なケースとして，弾力性がゼロの場合と無限大になる場合を，それぞれ図4-4と図4-5で表現しました．弾力性がゼロ（$\varepsilon=0$）とは，価格が上下に変動しても需要量は一定のまま変化しないケースです．弾力性が無限大（$\varepsilon=\infty$）とは，価格が上下に変動すると需要量は無限に反応するケースです．

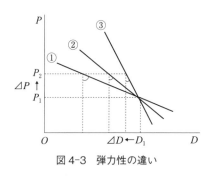

図 4-3　弾力性の違い

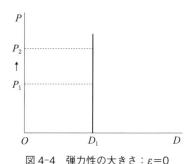

図 4-4　弾力性の大きさ：$\varepsilon=0$

図 4-5　弾力性の大きさ：$\varepsilon=\infty$

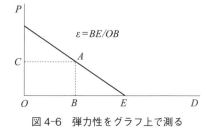

図 4-6　弾力性をグラフ上で測る

　次に，需要曲線が1次関数のグラフで表現されるときの，弾力性の測り方を説明します．弾力性を絶対値で表現します．図4-6の点Aにおいて，

$$需要の価格弾力性(\varepsilon) = -\frac{\mathit{\Delta} D}{\mathit{\Delta} P} \times \frac{P_1}{D_1} = \left(\frac{BE}{AB}\right)\left(\frac{OC}{OB}\right)$$

$$AB = OC なので，$$

$$\varepsilon = \frac{BE}{OB}$$

と表現できます．

　図4-7のように，点Aがたて軸に近いほど，OBは小さくなり，BEは大きくなります．よって，εは大きくなります．図4-8のように，点Aがよこ軸に近いほど，OBは大きくなり，BEは小さくなります．よって，εは小さくなります．図4-9のように，点Aが斜線の中点にあれば（点BがOEの中点）BE＝OBなので，ε＝1となります．図4-10は，弾力性の大きさによって，直線を区分したものです．

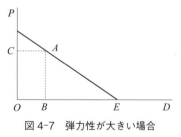

図4-7　弾力性が大きい場合

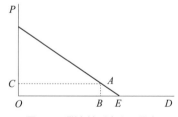

図4-8　弾力性が小さい場合

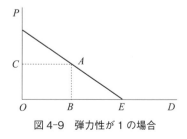

図4-9　弾力性が1の場合

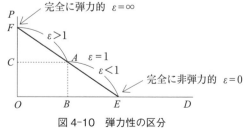

図4-10　弾力性の区分

2. 供給の価格弾力性

図 4-11 のように，価格が 400 のときの生産量は 500 です．いま価格が 50 だけ上昇して 450 になったときの生産量は 600 です．この価格の変化率に対する生産量の変化率を「供給の価格弾力性」と定義します．

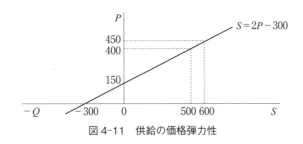

図 4-11　供給の価格弾力性

供給の価格弾力性（η）とは，価格が 1%変化したときに売り手が生産量を何%変化させるかを測る指標です．ηはエータと読みます．

$$供給の価格弾力性(\eta) = \frac{生産量の変化率(\%)}{価格の変化率(\%)}$$

図 4-11 の数値を使って，弾力性を計算します．

$$価格の変化率(\%) = \frac{価格の変化幅(\varDelta P)}{変化前の価格(P_1)}$$

$$生産量の変化率(\%) = \frac{生産量の変化幅(\varDelta S)}{変化前の生産量(S_1)}$$

分子と分母の値は次のように計算します．

変化前の価格$(P_1) = 400$，P_1のときの生産量$(S_1) = 500$.

変化後の価格$(P_2) = 450$，P_2のときの生産量$(S_2) = 600$.

価格の変化幅$(\varDelta P) =$変化後の価格$(P_2) -$変化前の価格$(P_1) = 450 - 400 = 50$

生産量の変化幅$(\varDelta S) =$変化後の生産量$(S_2) -$変化前の生産量$(S_1) = 600 - 500 = 100$

次に，これらの数値を定義式に代入します．

$$供給の価格弾力性(\eta) = \frac{生産量の変化率(\%)}{価格の変化率(\%)}$$

$$= \frac{\dfrac{\varDelta S}{S_1}}{\dfrac{\varDelta P}{P_1}}$$

$$= \frac{\varDelta S}{\varDelta P} \times \frac{P_1}{S_1}$$

$$= \frac{100}{50} \times \frac{400}{500}$$

$$= 1.6$$

　供給の価格弾力性は，その定義より $\eta = 1$ を基準として，$\eta > 1$，$\eta < 1$ に分けることができます．図 4-12 は価格 P_1 を基準として，3 つの弾力性の違いを表現しました．$\dfrac{\varDelta S}{\varDelta P}$ は図の中の傾きを測っています．

$$供給の価格弾力性(\eta) = \frac{\varDelta S}{\varDelta P} \times \frac{P_1}{S_1} \gtreqless 1$$

$\eta = 1$ は価格の変化率と生産量の変化率が同じであり，中立的（単位弾力的）
　　と呼びます．

$\eta > 1$ は価格の変化率以上に生産量の変化率が大きい場合であり，より弾力的
　　であると呼びます．

$\eta < 1$ は価格の変化率よりも生産量の変化率が小さい場合であり，より非弾力
　　的であると呼びます．

　供給の価格弾力性は，価格の変化に対して，売り手がどの程度生産量を調整しやすいか否か，を測るものです．価格の変化率に対して，その変化率以上に生産量を調整しやすいのは（$\eta > 1$），家電品やパソコンなどの工業製品です．一方，価格が変化しても，その変化率ほど生産量を調整しにくいのは（$\eta < 1$），農産物や天然資源などです．なお，極端なケースとして，弾力性がゼロ（$\eta = 0$）の場合には，供給曲線はたて軸に平行になります．弾力性が無限大（$\eta = \infty$）の場合には，供給曲線はよこ軸に平行になります．

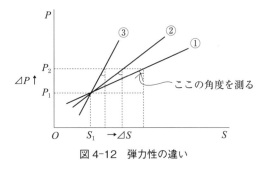

図4-12　弾力性の違い

　次に，供給曲線が1次関数のグラフで表現されるときの，弾力性の測り方を説明します．図4-13のA点において，

$$供給の価格弾力性(\eta) = \frac{\Delta S}{\Delta P} \times \frac{P_1}{S_1} = \left(\frac{BE}{AB}\right)\left(\frac{AB}{OB}\right)$$

$$\eta = \frac{BE}{OB}$$

と表現できます．

　図4-13のように，$S=0$に対応するC点が$P>0$上にあれば，A点における弾力性は$\eta>1$になります．ηが大きくなるほど，供給曲線の傾きは緩くなります．より弾力的になるということです．図4-14のように，C点が原点と一致するとき，$\eta=1$となります．図4-15のように，C点が原点よりも下方にあれば，$\eta<1$となります．ηが小さくなるほど，供給曲線の傾きは急になります．より非弾力的になるということです．

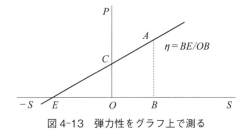

図4-13　弾力性をグラフ上で測る

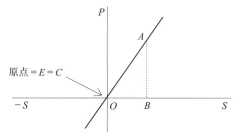

図 4-14　弾力性が 1 の場合

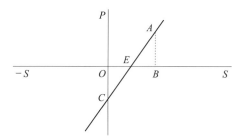

図 4-15　弾力性が 1 より小さい場合

3.　需要曲線と供給曲線の移動

需要曲線が移動する原因として，次のことが考えられます．

①代替財の存在

　例えば，ミカンの価格が上がると，それに代わる果物のリンゴの需要が増えますのでミカンへの需要が減りミカンの需要曲線は左へ移動します．

②補完財の存在

　大型車とガソリンとの関係のように，ガソリンの価格が上がると，燃費効率の悪い大型車への需要が減ります．大型車の需要曲線は左へ移動します．

③所得の変化

　たいていの財やサービスへの需要は所得の動きと正の関係にあります．価格が変化しなくても，所得が増えれば，需要は増えます．需要曲線は右へ移動します．所得が減れば，需要も減り，需要曲線は左へ移動します．

④所得再分配の変化

　課税制度を通じて，所得がアルコールの好きな人により多く，パンの好きな人により少なく再分配されるとすればアルコールへの需要は増え，パンへの需要は減ります．

⑤買い手の嗜好

　流行や生活様式の変化によって，需要は増えたり減ったりします．需要曲線は右や左へ移動します．

⑥買い手の価格への期待

　買い手がある商品の将来期における価格が上（下）がると期待する場合，それに対する今期の需要は増加（減少）します．いっそう価格が上がる前に，いま購入しようとするからです．

⑦人口の規模とその構成

　ある商品は買い手の数が多いほど，販売量は増えます．また人口の構成も需要に影響を与えます．20歳前後の若い年齢層が多ければ，ファッションやファーストフードへの需要が増えます．また高齢者が多ければ，医療や福祉に対する需要は増えることが予想できます．

⑧天候の変化

　暖冬になると冬物の衣料品の需要は減ります．需要曲線は左へ移動します．

　供給曲線は価格と生産量との関係を表現したものでした．生産量を変化させるものが供給曲線を移動させる次のような要因になります．

①生産費用の変化

　原材料の高騰などによって生産費用が増加すれば，生産量が抑制されます．この場合，供給曲線は上方へ移動します．逆に，技術革新によって生産費用が下がれば，生産量が増加しますので，供給曲線は下方へ移動します．

②天候の変化

　台風によって，収穫前のリンゴが落果し，市場へ出せる供給量が減れば，供給曲線は上方へ移動します．逆に，好天に恵まれ，例年以上に収穫できれば，供給量は増えますので，供給曲線は下方へ移動します．

③課税の変化

例えば，消費税の納税義務者が生産者であって，納税率が引き上げられれ
ば，生産費用の増加と同じ効果がありますので，供給曲線は上方へ移動しま
す．一方，法人税が引き下げられると生産費用の減少と同じ効果があります
ので，供給曲線は下方へ移動します．

4. 需要の価格弾力性と供給曲線の移動

図4-16は生産費用の減少によって供給曲線が下方へ移動するとき，需要の
価格弾力性（ε）がより弾力的であれば，需要量は大幅に増えることを表して
います．贅沢品の購入行動に見られる現象です．図4-17は生産費用の上昇に
よって供給曲線が上方へ移動するとき，需要の価格弾力性（ε）がより非弾力
的であれば，需要量はわずかしか減らないことを表しています．生活必需品の
購入行動に見られる現象です．逆に，供給曲線が下方へ移動したとしても，需
要量を大幅に増やすことはないことを表しています．

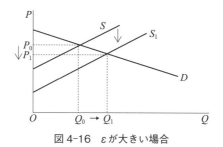

図4-16 εが大きい場合

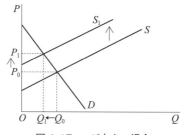

図4-17 εが小さい場合

5. 供給の価格弾力性と需要曲線の移動

図4-18は所得が増えて，需要量が増加しても，供給の価格弾力性（η）が
より弾力的であれば，価格は大幅に上昇することはなく，供給量が増えるこ
とを表しています．家電品やパソコンのように生産量が調整しやすい工業製品
に見られる現象です．図4-19は需要量が増加しても，供給の価格弾力性（η）
がより非弾力的であれば，価格の大幅な上昇に対して生産量はそれほど増加し
ないことを表しています．農産物や天然資源の需要と供給との関係に見られる
現象です．

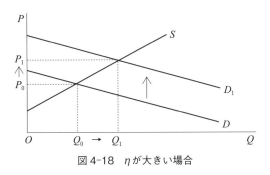

図4-18　ηが大きい場合

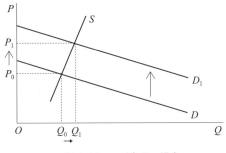

図4-19　ηが小さい場合

6.　需要の所得弾力性

　需要量は価格の変化に反応するだけではありません．支出できる所得額ある
いは予算額が変化すると，それに応じて需要量も変化します．これを「需要の
所得弾力性」と呼んでいます．

$$需要の所得弾力性 = \frac{需要量の変化率(\%)}{所得の変化率(\%)}$$

　財やサービスには，所得が増えると需要量も増え，所得が減ると需要量も減
るものがあります．所得の変化と需要量の変化の方向が同じものです．こうし
た財・サービスを上級財（あるいは正常財）と呼びます．ボーナスが支給され
た後のお盆休みや年末年始に海外へ旅行に出かける人が増えます．これはボー
ナスの支給によって一時的に所得が増えたので旅行への需要量を増やしている
のです．所得が増えたときにのみ購入するような贅沢（高級）品が上級財にな
ります．逆に，所得が増えると需要量が減る財・サービスもあります．これを
下級財（あるいは劣等財）と呼んでいます．缶コーヒーやコンビニ弁当があり
ます．

7.　需要の交差（交叉）弾力性

　「需要の価格弾力性」は，ある特定の財やサービスの価格の変化がその財や
サービスの販売量（需要量）に与える効果を測る指標でした．しかし，ある財
やサービスの需要量は関連する財・サービスの価格の動きにも影響を受けてい
ます．財やサービス間での代替性が高ければ，競合する財・サービスの販売量
が受ける影響も大きくなります．逆に，代替性が低ければ大きな影響を受ける
こともありません．
　例えば，ミカンとリンゴを考えます．リンゴの価格が上がると，ミカンの
需要量は増えます．ミカンの価格は一定であっても，リンゴが割高になったの
で，需要はミカンへ移動します．ミカンとリンゴは代替性の高い商品になって

います．次に，パソコンとプリンターとの関係を考えます．プリンターの価格
が上がると，パソコンへの需要量は減ります．これはパソコンとプリンターが
一体となって初めて機能する商品となっているからです．この関係を補完性が
あると呼びます．

こうした関係を測る指標として「需要の交差弾力性」があります．T 商品の
価格を P_T，M 商品の販売量を Q_M とすれば，次のように，定義できます．な
お，マイナスの符号はつけません．

$$需要の交差弾力性(\varepsilon) = \frac{\dfrac{\varDelta Q_M}{Q_M}}{\dfrac{\varDelta P_T}{P_T}}$$

$$= \frac{\varDelta Q_M}{\varDelta P_T} \cdot \frac{P_T}{Q_M}$$

分母の価格 P_T が上がるとき，

(1) Q_M が増加すれば，商品 T と商品 M は「代替財（代替性の関係がある商
　　品)」である，

(2) Q_M が減少すれば，商品 T と商品 M は「補完財（補完性の関係がある商
　　品)」である，

(3) Q_M が変化しなければ，両商品は「独立財（関係性のない商品)」である，
といいます．

需要の交差弾力性がプラスでかつその値が大きいほど，商品間での代替性
の程度は高くなります．逆に，交差弾力性がマイナスでその絶対値が大きいほ
ど，商品間での補完性の程度は高くなります．また独立財の交差弾力性はゼロ
になります．

この弾力性の定義から分かるように，産業とは代替的な関係にある商品を供
給している一群の企業のことをいいます．また，市場とは代替的な関係にある
商品群が取引される場（状況）と言えます．

8.　短期と長期における弾力性

　5年と16年を比べて，前者が短期，後者が長期ということになりますが，経済学では，短期と長期というとき，こうした具体的な時間の流れを意味しないことがあります．短期とは，買い手であれば嗜好や購入行動が大きく変化しない場合を意味します．売り手であれば生産量を調整する生産設備の増設や縮小などができない場合を意味します．長期とは，調整ができる場合を意味します．

　弾力性の大きさについても，短期と長期とでは違った評価ができます．短期であれば，価格の変化に対して需要量も供給量も，大きく反応しないかもしれません．短期において，たとえ価格が上昇しても買い手は代替品への乗り換えを控える，あるいは我慢するかもしれないからです．売り手も生産能力に限界があれば，価格が上昇したからといってすぐに生産量を増やすことはできません．しかし，長期であれば，買い手は容易に代替財を見つけることができますし，売り手も生産能力を拡大できる可能性があります．よって短期では非弾力的であった需要曲線と供給曲線も，長期にはより弾力的になりうると考えられます．

　同じ財やサービスであっても時間の流れの中でみると，需要の所得弾力性の評価も違ってきます．学生時代には稼いだアルバイト代が少し増えると，大好きなチューハイを飲む量（回数）が増えます．チューハイは上級財です．就職をして学生時代よりも所得が増えると，チューハイを飲むのをやめて，別の高級なアルコールを飲むようになります．このときチューハイは下級財です．

　このチューハイの例からも分かるように，ある財・サービスにはライフサイクルがあって長い期間，愛用され続けているものもあります．このように時間の流れの中でみると需要量や供給量は個人のライフステージや社会的な背景に依存していることが分かります．

　この章で学んだ弾力性は経済学のなかでも理解すべき基本的な概念です．需

要（供給）の価格弾力性をもう一度復習しておきましょう．1次関数 $y = ax + b$ は，たて軸 y，よこ軸 x としてグラフに描くと，x の変化が y に与える効果 $[y = f(x)]$ を測りました．一方，価格弾力性は，その定義より，たて軸の価格の変化（ΔP）がよこ軸の数量（$\Delta D, \Delta S$）に与える効果を測ります．これは経済主体が価格水準の動きをみて，購入量や生産量を調整するからです．購入量や生産量は価格の関数 $[D = f(P), S = f(P)]$ になっているからでした．大学へ入学するまでに，よこ軸を中心に読んでいたグラフがミクロ経済学ではたて軸を中心に読むことになります．したがって，価格弾力性の定義にある $\Delta D/\Delta P$ や $\Delta S/\Delta P$ は図 4-20 に示した部分の角度を測ることになっています．

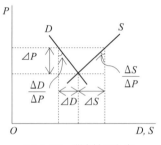

図 4-20　弾力性の角度

第5章

余 剰 概 念

　ここではラーメン屋とラーメンの大好きなお客さんの行動を考えます．買い手はラーメンを食べるときに，できることなら値段に見合った満足を得て，食後に損をしたとは思いたくない，と考えています．売り手もできることならば，赤字にならずに利潤を最大にしたい，と考えています．買い手と売り手のこうした行動は合理的に行動したい，という思いを表現しています．

　いま，合理的に行動したいと考えている店とお客さんが無数に存在し（無数の経済主体），それぞれのお客さんが食べるラーメンの杯（丼の）数は全国にあるラーメン屋の合計量に占める割合でみると極めて小さく，どの店も主人と奥さんのみで経営している（小規模な経済主体），またどの店のラーメンの味もほぼ同じである（財の同質性）とします．買い手も売り手もラーメンに関係する価格や味，店の場所などの情報はすべて均等に入手できるものとします（完全情報）．さらにラーメン屋の店主になろうと思えば，誰でもすぐに開業できるし，儲からなくなればいつでも廃業することができるものとします（参入・退出の自由）．

　この市場では，どの店もたとえ価格を変えることができたとしても結果として同じ価格を設定することになります．つまり買い手と売り手は需要と供給のバランスを通じて決まる価格でしか取引できません．言い換えると買い手も売り手も価格を与えられたものとして行動します．これをプライス・テイカー（価格受容者）と呼んでいます．これらは市場が（完全）競争的になる条件と呼ばれています．以下では，こうした競争市場における買い手と売り手の望ましい行動を考えます．

1. 消費者余剰

　経済学では，ある財やサービスの消費から得られる満足度のことを効用と呼んでいます．ラーメンを食べた後の満腹感や大好きな歌手の CD を聞いて精神的にリラックスする状況です．消費から得る便益（メリット）と呼んでもかまいません．

　買い手は他の客が食べるラーメンの種類や丼の数には影響を受けない個人とします．自分が決めた種類のラーメンのみをひたすら愛する唯我独尊的な個人です．こうした個人を経済学では外部性（他人の消費行動から影響）を受けない個人，あるいは「効用関数が独立している個人」と呼びます．

　ここでは，ラーメンが大好きで食後に損をしたとは思いたくない人の消費行動を簡単な数値例を用いて，説明します．すでに第 0 章 2. で説明したことを経済学的に説明し直します．

　ラーメンは味噌ラーメンしかなく，1 杯 450 円とします．客にとって，この価格はラーメンを入手するための費用（デメリット）です．大切なお金を支払うわけですから，苦痛をともなうかもしれません．ただしこの客はラーメンが大好きなので，650 円を支払ってもよいと考えています．この 650 円は，この客が支払ってもよいと思っている上限（最高）の価格です．この価格を「留保価格」と呼びます．大好きなので 450 円以上 650 円までは支払う意思があるということです．650 円支払う意思があって，それが 450 円で入手できるわけですから，650 円 − 450 円 ＝ 200 円だけ得をしたことになります．つまり，支出せずに財布に 200 円だけ残ったことになります．この得をした金額のことを「消費者余剰」と呼んでいます．

　しかし，どんなにラーメンが好きでも，同じ味のラーメンを 2 杯，3 杯……と連続して食べ続ける，としだいに食欲が減退します．つまり，追加して食べるラーメンから得られる美味しさ度は下がります．効用が下がる，便益が下がると表現することもできます．美味しさ度が下がるものに対して，私たちは高い価格を支払おうとは思いません．そのため美味しさ度が下がるとともに留保

価格も下がります。このようにラーメンを追加して食べるにしたがって食欲が下がることを「限界効用が逓減する」といいます。この効用が測れると考えると、限界効用とは、例えば、5杯目を食べ切ったときに得る美味しさ度から4杯目を食べ切った後に得る美味しさ度を引き算したものです。逓減するとは、引き算した数値が16, 15, 14, 13, 12, 11, 10, ……と規則正しく減少することです。単に減少する（16, 13, 8, 2……）こととは違います。限界効用が下がれば、同時に留保価格も下がるので、この2つは同じものとして考えることができます。そして損をしたくないと思っている客であれば、この限界効用（＝留保価格）が実際に支払う価格（＝費用＝450円）と等しくなる杯数まで食べて止めるでしょう。この"損をしたくない"ということを経済学では合理的に行動する、と表現します。私たちは普段の生活の中で損をしたくない、合理的に行動したいと思っていますが、うまくはいきません。しかし、合理的に行動したいと思っていること、それ自体は確かなことです。

　ここまでの数値例を少し拡張したものが表5-1と図5-1に出ています。図5-1から分かるように、合理的な客であれば、5杯以上は食べません。なぜなら6杯目を食べると支払う価格（費用）450円が限界効用（便益）＝留保価格を上回るからです。合理的な客は費用と便益とが等しくなる5杯で止めます。この客は5杯の消費に対して合計 *OACF* の金額を支払ってもよいと考えていますが、実際に支払う金額の合計は *OBCF* にすぎません。このとき消費者余剰の合計は三角形 *ABC* の面積で測ることができます。一般的に、買い手はこの消費者余剰を得るために財やサービスを購入し、消費しているとも言えます。そして、線分 *AC* は価格と杯数（需要量）との関係を表現した需要関数になっています。

　　　需要杯数＝f(価格)

　よこ軸から需要曲線までの高さは限界効用です。これが下がるものに対しては高い価格（留保価格）を支払おうという意欲も減退します。そのため需要曲線は右下がりに描かれるのです。

表 5-1　効用，留保価格と消費者余剰

杯数	総効用 TU	限界効用 （留保価格） MU	市場 価格 P	消費者 余剰
0	0		450	－
		＞650		
1	650		450	200
		＞600		
2	1250		450	150
		＞550		
3	1800		450	100
		＞500		
4	2300		450	50
		＞450		
5	2750		450	0
		＞400		
6	3150		450	－ 50

注：市場価格は実際に支払う価格である．

限界効用 $(MU) = TU_2 - TU_1 = 1250 - 650 = 600$．

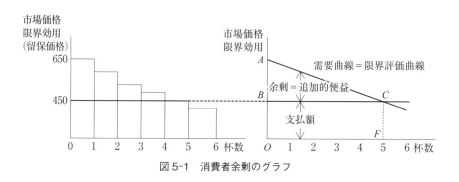

図 5-1　消費者余剰のグラフ

2.　留保価格を決める要因

　消費者余剰の大きさは留保価格の水準によって決まりました．それでは，この留保価格自体はどう決まるのでしょうか．

①所得水準の違い

　同じ財やサービスであっても，買い手の所得水準によって，支払ってもよいと思う上限の価格は異なります．所得水準の高い買い手は支払い能力も高いので，そうでない買い手よりも留保価格は高くなります．

②社会階層の違い

　所得水準と関連しますが，社会階層のどこに位置するのかによっても留保価格は異なります．社会経済学者のヴェブレンが重視した衒示的消費（みせびらかし）行動をとりがちな有閑（富裕者）階級たちは，庶民にとって無駄だと思われるものにも高い留保価格を支払う性向があるようです．

③代替財の有無

　山奥にある温泉地でのビールやジュースの価格は市街地よりも割高です．たとえ割高でも他に代替する飲み物がなく，どうしても飲みたいと思えば，留保価格も高くなります．

④購入頻度

　たまにしか購入しない財やサービスには高い価格を支払ってもよいと思うことがあります．一生に一度（？）の結婚式を豪華に演出したいとか，結婚指輪も高価なものにしたい，と思うのは購入頻度が極めて少ないからです．

3.　生産者余剰

　次に，ラーメン屋の店主の立場から考えます．店主は，営業を続けるためには少なくともこれ以上の価格でなければ売る気にならない，という価格の下限をもっています．この下限の価格のことを最低販売価格と呼びます．これは当然，店を維持するためにかかる最低の費用と同じになります．結論からいうと，生産者余剰とは，実際に売れるときの価格と，この最低販売価格との差をとった金額です．以下でみるように，正確に表現するとラーメン1杯当たりの（限界）利潤（＝限界収入－限界費用）となります．限界収入とは追加的にラーメンを売ったときに得る収入（価格×数量）の増分です．価格は一定なので，何杯売ろうと限界収入は価格の450円となります．

　市場は競争的な状態にあるので，店主は価格を簡単に変更できない，特に値上げはできないとすると，1杯450円で売るときの生産原価（費用）を何とか下げる工夫をして，この利潤を大きくしようと努力します．費用を構成するものを生産要素と呼び，麺，仕込み用の原材料，水・電気，店員に加えて，店舗

などがあります．麺，仕込み用の原材料，光熱費などはラーメンの販売（生産）量とともに変化しますので，可変的生産要素と呼び，これにかかる費用を可変費用と呼びます．店員に支払う給料は労働費用です．店員の数も販売量に応じて調整できますので，可変費用です．店舗のスペースについては，そう簡単に拡大も縮小もできません．また出来たとしても時間がかかります．このように調整することに時間がかかる生産要素のことを固定的生産要素と呼びます．店舗を借りている場合，収入があろうとなかろうと一定額の家賃（テナント料金）は支払わなければならないので固定費用となります．

　経済学では，すべての生産要素の投入量を変更できるくらい十分に長い期間のことを長期と呼び，十分な時間がなく，いくつかの生産要素が固定的になっている期間を短期と呼んでいます．店舗や厨房のスペースが一定のまま変わらないと考えるときは短期です．スペースが拡大・縮小すると考えるときは長期です．

　さて店を運営するときの総費用は単純に表現すると，

$$総費用 = 可変費用 + 固定費用$$

となります．

　いま短期を前提とするとき，ラーメンをより多く販売しようとすれば，可変費用を増やさなければなりません．その結果，総費用の額も増えます．杯数と費用との関係は表5-2のようになります．ここで限界費用とは，杯数を追加して増やしたときの総費用の増加分を意味しています．例えば，2杯から3杯へ増やしたとの増加分は

$$350 円 = 1150 円（3杯目の総費用） - 800 円（2杯目の総費用）$$

となります．

　固定費用とは生産量に関係なく発生する一定額の費用です．したがって，結局，杯数の増加に応じて生じる総費用の増加は可変費用が増えた結果である，と言えます．表5-2の中の限界費用も杯数が追加して増えたときの可変費用の増加分になっています．例えば，2杯から3杯へ増やしたとの増加分は

表5-2　総費用，限界費用と生産者余剰

杯数 Q	総費用 TC	固定費用 FC	可変費用 VC	限界費用 MC	平均費用 AC	平均可変費用 AVC	市場価格 P	生産者余剰
0	350	350	0		∞	∞	450	－
				＞200				
1	550	350	200		550	200	450	250
				＞250				
2	800	350	450		400	225	450	200
				＞350				
3	1150	350	800		383.3	266.6	450	100
				＞400				
4	1550	350	1200		387.5	300	450	50
				＞450				
5	2000	350	1650		400	330	450	0
				＞500				
6	2500	350	2150		416.6	358.3	450	－ 50

注：可変費用＝総費用－固定費用.
限界費用（MC）＝$\triangle TC(\triangle VC)$＝$TC_3 - TC_2$＝$1150 - 800$＝$350$.

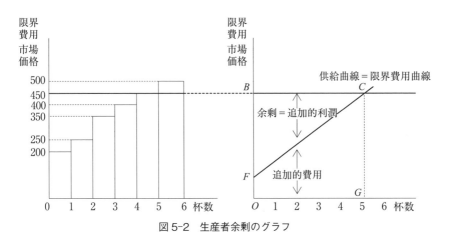

図5-2　生産者余剰のグラフ

$$350 = 800 円（3杯目の可変費用）- 450 円（2杯目の可変費用）$$

となっています.

図5-2のグラフからも分かるように，限界費用は逓増します．逓増するとは規則正しく増えるという意味です.

なぜ限界費用は逓増するのでしょうか．例えば，杯数を増やすために，麺，その他の原材料の仕入れ量を増やさなければなりません．また杯数が増えると

いうことは客数が増えることなので，接客する店員の数も増やさなければなりません．店のスペースが拡大しないかぎり，仕入れた原材料を店内の片隅に積み上げなければなりません．そうすると店員が動けるスペースが狭くなるわけですから，接客サービスがスムースにできません．こうして作業効率が相対的に低下します．冷めたラーメンを捨てて，新たに茹で直す作業も必要になるかもしれません．よって杯数が増えるほど追加的な費用（＝限界費用）が大きくなってしまうわけです．

　次に，店主は何杯ラーメンを売れば利潤を最大にできるのかを考えます．ラーメン1杯当たりの利潤は価格から費用を差し引いたものなので，固定費用が一定のままであれば，可変費用と実際に売るときの価格450円との関係が重要になります．何も生産しなければ，固定費用分の350円がそのまま赤字になってしまいます．ところが1杯売ると，店主は価格に相当する450円の追加的収入（限界収入）を得ることができます．他方，1杯生産するために店主が負担しなければならない追加的な費用が限界費用であり，その金額は200円です．よって1杯売ることで，売らないときと比べて，

$$250 円 (＝450 円 - 200 円)$$

の追加的利潤（これを限界利潤と呼びます）を得ます．2杯売るときの限界利潤は，

$$200 円 (＝450 円 - 250 円)$$

です．

　つまり，限界利潤がプラスであるかぎり，店主は売る杯数を増やします．

$$価格 - 限界費用 > 0，あるいは価格 > 限界費用$$

　表5-2と図5-2から分かるように，店主は5杯で生産を止めるべきです．なぜなら6杯目を売ると，

$$価格 - 限界費用 = 450 円 - 500 円 = -50 円$$

となって，追加的（限界）赤字が発生するからです．

　この5杯が店主の限界利潤を最大にする杯数なので，最適杯数（生産量）と呼びます．価格（＝限界収入）＝限界費用となっています．固定費用が一定のままである限り，

生産者余剰＝総収入（価格×杯数）－可変費用

と表現することができます．

　図5-2の三角形 *BCF* の面積は店主の（限界）利潤総額を示しており，この面積を生産者余剰と呼んでいます．つまり，生産者余剰とは「生産がゼロの場合の利潤と比べて，生産をした場合にどれだけ利潤が増加したのか（あるいは，赤字が減少したのか）」を表しています．この場合，三角形 *BCF* だけ利潤を増加させることになっています．線分 *FC* は価格と杯数（生産量＝供給量）との関係を表現する供給関数になっています．よこ軸から供給関数までの高さは限界費用です．これからも分かるように，供給関数をグラフで描いた供給曲線は生産費用の追加的な増加分，つまり生産（限界）費用を表現していることになります．

供給杯数＝f（価格）

　この場合，よこ軸に平行に描かれた価格線（450円＝限界収入）は競争市場における需要曲線として説明することができます．競争市場において売り手が直面する需要曲線の弾力性は無限大（∞）になります．よこ軸に平行な需要曲線と右上がりの供給曲線が一致するところで購入量と販売量が決定しています．

4. 最低販売価格を決める要因

　これまでの説明は，どのラーメン店の価格も1杯450円で変わらないという前提のもとで，特定のラーメン店が利潤を最大化するときの杯数を求めました．実際には価格競争が発生しますので，ライバル店の価格を見ながら店主は

利潤を最大化する供給杯数を決定しなければなりません．そこで450円から値下げ競争が発生するとき，最低販売価格はどう決まるのか，を考えます．表5-2の中の平均費用と平均可変費用を用いて説明します．

　平均費用とは，ラーメンを1杯生産するのに必要な費用のことです．

$$平均費用 = \frac{総費用}{杯数}$$

例えば，3杯生産するときは，総費用は1150円なので，

$$平均費用 = \frac{総費用}{杯数} = \frac{1150}{3} \fallingdotseq 383$$

となります．

　価格は1杯当たりの収入金額なので，

　　　価格＞平均費用

となっている限り，黒字（利潤が増える）なので，店主は生産量を増やします．しかし値下げ競争によって，

　　　価格＜平均費用

となると，赤字（損失が増える）が発生しますので店主は生産量を減らします．価格が平均費用と等しくなるところまで下がれば，この価格水準は利潤と損失の分岐点になります．そこで，

　　　価格＝平均費用

を損益分岐点と呼んでいます．値下げ競争が発生するときの最低販売価格は損益分岐点の水準になります．この水準で値下げ競争が終われば，店主にとって，まだ固定費用は確保できます．しかし，さらに値下げ競争が激しくなれば，生産自体を中止し，閉店しなければなりません．最低販売価格が閉店を迫る水準にまで下がった状態を操業停止（企業閉鎖）点と呼んでいます．つまり，価格と平均可変費用との関係が

価格＞平均可変費用

となっている場合には，まだ可変費用部分は黒字になっているので，固定費用
の一部を回収できます．逆に，この式が成立しなければ，可変費用部分から赤
字が発生してしまうので，店主は生産を中止して固定費用分だけ赤字を止める
ことが得になります．つまり，閉店を回避するための最低販売価格は平均可変
費用に等しくなります．

　表5-3 は表5-2 より店主にとって望ましい価格帯と限界費用との関係から
決まる最適な生産量と平均費用とを抽出したものです．これを使って損益分岐
点と操業停止点を説明します．

　価格が 250 円以上 350 円以下の間にあれば，最適な供給杯数は 2 となりま
すが，平均費用は 400 円です．1 杯当たりでみて最大限 350 円の収入しか得ら
れないのに，1 杯当たりの生産費用は 400 円です．この価格では赤字になって
しまいます．

　一方，価格が 350 円以上 400 円以下の間にあれば，最適な供給杯数は 3 となり，
平均費用は 383 円です．よって価格が 383 円を下回れば赤字になり，383 円を
上回れば黒字になります．このとき，この 383 円が損益分岐点となる価格になっ
ています．操業停止点は平均可変費用を下回る価格なので表5-2 より 200 円
になることがわかります．

表 5-3　価格帯，最適生産量と平均費用

価格帯	最適生産量	平均費用
200 円以下	生産しない	−
200 〜 250 円	1	550
250 〜 350 円	2	400
350 〜 400 円	3	383
400 〜 450 円	4	387
450 〜 500 円	5	400

5. 余剰概念と市場均衡

　市場とは価格を媒介として買い手と売り手が財やサービスを取引する場所，あるいは状況のことでした．取引が成立するのは，交渉を通じて買い手にとっても売り手にとっても望ましい価格と取引数量が決まるときです．買い手にとって望ましい状況は価格と限界効用とが一致するところで購入量を決めることでした．売り手にとって望ましい状況とは価格と限界費用とが一致するところで生産（販売）量を決めることでした．そして価格とは限界収入を意味していました．つまり，

限界効用＝価格(限界収入)＝限界費用

となる状況において，交渉は成立し，取引数量が決まりました．共通の価格のもとで，買い手と売り手がそれぞれ望ましい状態を達成しています．前節までの事例をグラフにすると，図5-3のようになります．買い手も売り手も450円という価格で5杯のラーメンを取引するとき，それぞれ効用と利潤は最大になっています．余剰で説明すると，三角形 *A* が消費者余剰の合計，三角形 *B* が生産者余剰の合計です．両者を合わせたものを社会的余剰と呼びます．買い手と売り手が無数にいても，まったく同じ説明ができます．

　どのような形状のグラフが描かれても，その定義からすると，消費者余剰は需要曲線の下側でかつ価格線（450円）よりも上側にある面積で測ることになります．生産者余剰は供給曲線の上側でかつ価格線より下側にある面積で測ることになります．図5-4と図5-5は価格線が均衡価格よりも上と下にある場合の余剰の面積を表現しています．

　このように買い手と売り手にとって，望ましい取引価格と取引数量が決まるときには持っているお金や生産要素が無駄なく利用されていることを意味します．これをパレート効率的な資源配分が達成された状態である，と呼んでいます．効率的な資源配分が達成されるときの重要な前提は買い手も売り手も競争市場にいるということでした．競争市場を構成する条件のうち，どれかが1つ

でも充たされないことがあると，こうした効率的な資源配分は達成できなくなります．これを「市場の（資源配分に関する）失敗」と呼んでいます．

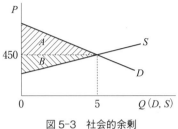

図 5-3　社会的余剰

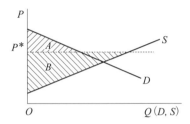

図 5-4　均衡価格を上回るときの社会的余剰

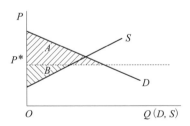

図 5-5　均衡価格を下回るときの社会的余剰

第6章

市場の需要曲線と供給曲線

1. 市場の需要曲線

　いま，2人の個人Tと個人Mからなる社会を考えます．ある財やサービスに対する社会全体の需要量はTとMの個別の需要量を加算することによって求めることができます．なぜなら2人の効用関数は独立しており，お互いに外部効果を受けていないので，効用を最大化する［価格＝限界効用（＝留保価格）］購入量を決めることができるからです．つまり具体的に購入量が計算できるからです．図6-1に示すように，価格が200のとき，Tは4個，Mは2個購入するので，市場全体の需要量は6個となります．消費者が無数にいても，同じように横に加算すれば市場（社会）全体の需要曲線が求まります．

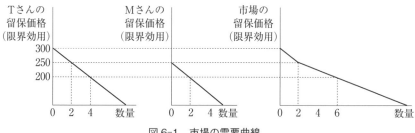

図6-1　市場の需要曲線

2.　市場の供給曲線

　同じく，市場に 2 つの企業 Y と企業 Z が存在すると考えます．個別の企業
は，価格＝限界費用（＝最低販売価格）となる生産量で利潤を最大化します．
市場が競争的である限り，2 つの企業は共通の価格に直面しますが，生産技術
の違いから限界費用には差があります．つまり供給曲線の形状に違いが生じま
す．したがって価格は共通でも生産量に違いが生じますので，具体的に個別の
生産量を計算することができます．図 6-2 に示すように，共通の価格に対応す
る両社の生産量を横に加算することによって，市場全体の供給曲線を求めるこ
とができます．

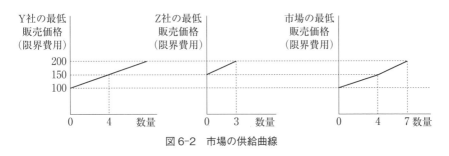

図 6-2　市場の供給曲線

3.　留保価格，最低販売価格と市場均衡

　ここではパソコンの売買を留保価格と最低販売価格を用いて説明します．買
い手は 2 人いて，1 台ずつ購入するとします．留保価格や最低販売価格は無限
ではありえないので，ここではこれらの上限を 18 万円としておきましょう．
　パソコンの市場（店頭）価格，買い手の留保価格と購入の意思決定との間
には，次の関係があります．
①T さん
　　　　市場価格≦留保価格 10 万円 → 1 台購入する → *T* 点
　　　　市場価格＞留保価格 10 万円 → 購入しない → たて軸

②Mさん

　　市場価格≦留保価格 8 万円 → 1 台購入する → M 点

　　市場価格＞留保価格 8 万円 → 購入しない → たて軸

　この関係を図 6-3 に描きました．T さんと M さんの購入台数を横に加算すると，市場の需要曲線になります．買い手が無数にいるとすると，留保価格の高いものから右へ並べることによって，市場の需要曲線を求めることができます．正確には，市場価格と留保価格が一致する点（T 点と M 点）になり，この点を結んだ直線が需要曲線になっています．

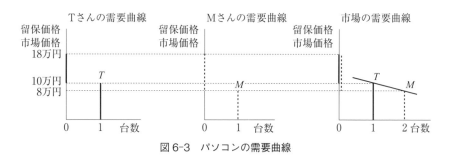

図 6-3　パソコンの需要曲線

　売り手は 2 店あり，1 台ずつ販売するとします．パソコンの市場（店頭）価格，売り手の最低販売価格と販売の意思決定との間には，次の関係があります．

③Y 店

　　市場価格≧最低販売価格 10 万円 → 1 台売る → Y 点

　　市場価格＜最低販売価格 10 万円 → 売らない → たて軸

④Z 店

　　市場価格≧最低販売価格 15 万円 → 1 台売る → Z 点

　　市場価格＜最低販売価格 15 万円 → 売らない → たて軸

　この関係を図 6-4 に描きました．Y 店と Z 店の販売台数を横に加算すると，市場の供給曲線になります．売り手が無数にいるとすると，最低販売価格の低いものから右へ並べることによって，市場の供給曲線を求めることができます．正確には，市場価格と最低販売価格が一致する点（Y 点と Z 点）になり，

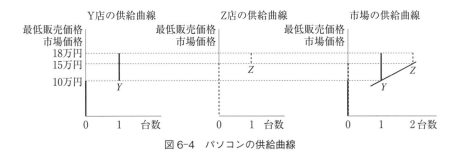

図 6-4 パソコンの供給曲線

この点を結んだ直線が供給曲線になっています.

図 6-5 は市場均衡を求めたものです. この図では, T さんが Y 店より 1 台 10 万円で購入します. M さんは自分の留保価格が 2 店の希望する最低販売価格よりも低いので, パソコンを購入しません. Z 店は希望する最低販売価格が 2 人の買い手の留保価格よりも高いので, パソコンを買ってもらえません.

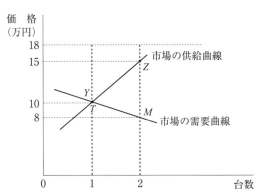

注：たて軸の価格は留保価格, 最低販売価格と市場価格を意味する.

図 6-5 パソコン市場の均衡

第 **7** 章

市場の失敗

1. 市場の失敗とは何か

　競争市場では効率的な資源配分が達成できます．効率的というのは，資源を無駄なく利用するということでした．パレート効率的であるとも呼ばれます．その条件は競争を通じて，限界効用＝市場価格＝限界費用，となることでした．このように「競争が十分に機能している市場の資源配分は必ずパレート効率的になる」ことを厚生経済学の基本定理（正確には，第一定理）と呼んでいます．

　しかし，競争市場はその成果をめぐる分配の公平性を保証するものではありません．競争の結果，所得分配に歪みが生じることがあります．そこで政府はこの所得分配の歪みを補正するためにさまざまな形で市場介入しています．財やサービスの価格を直接規制すること，税金を課すことによって，この歪みを補正しようとしています．実際に，こうした政府介入がおこなわれているということは，市場というのは必ずしも望ましい公平性を達成する機能がないことを示唆しています．

　しばしば効率性と公平性とはトレードオフの関係にある，と言われます．例えば，所得税の累進課税制度において，裕福な人たちに80%や90%という極端に高い税率を課してしまうと，真面目に働いても手元に残る可処分所得がわずかになってしまいます．そのため課税対象者は真面目に働かなくなったり，税率の低い外国へ移住したりするかもしれません．その結果，国全体の効率性

を減退させる原因ともなってしまいます．これは公平性を過度に追求すると，効率性を損なってしまう可能性があることを示唆しています．こうしたことからすると，競争市場の機能をもう一度，考察し直す必要があります．

競争市場が成り立つための条件には，財やサービスの同質性，参入・退出の自由，完全情報などがありました．これらの条件のうち，いずれかが充たされず市場が効率的な資源配分を達成できない状態を「市場の（資源配分に関する）失敗」，あるいは「市場の限界」と呼んでいます．

財やサービスの同質性が充たされないとき差別化がある，といいます．参入・退出の自由が充たされないとき参入障壁・退出障壁がある，といいます．完全情報が充たされないとき情報の不完全性がある，といいます．こうした特徴を1つでも持つ市場を不完全競争市場と呼びます．

競争市場では，消費者は他人の消費活動から影響を受けない経済主体でした．これを効用関数は独立している，といいました．しかし個々人は他人の消費活動によって自分の消費活動を変えている場合があります．これはあるファッションが流行ることにみられます．また友人が高価な車を購入すると，自分も欲しいと思うのは人情です．企業も同じように自社の生産活動は他社のそれから影響を受けています．このようにある個人や企業の経済活動が自分以外の経済主体に影響を与えることを外部性（効果）がある，といいます．そして，本来解決をしなければならない経済問題や社会問題はこうしたところで発生しています．

また市場あるいは価格メカニズムに任せたのでは供給されない財やサービスもあります．一般的に市場が欠如している，といいます．こうしたものは政府によって供給されており，公共財と呼ばれています．

市場の失敗を類型化すると，次のようなことがあります．

独占市場，外部性（効果），公共財，情報の不完全性

2. 独 占 市 場

　競争市場の対極にあるのが独占市場です．そのため競争市場が成り立つための条件はすべて当てはまらない状況が発生しています．例えば，独占市場では財やサービスの同質性という条件は充たされません．自社の財・サービスを差別化するためにさまざまなコマーシャル，広告・宣伝がおこなわれていますが，これらはたとえ類似していようが，財・サービスの違いを強調するためにおこなわれています．買い手にこの違いを認識させることができれば，売り手はライバル社との競争を有利に展開できます．また買い手が自ら特定の企業の財・サービスを選好するとき，企業間での競争は弱くなります．この場合，買い手に選ばれた企業は（独占的な）競争を有利に展開できます．

　独占市場では参入障壁も高くなっています．理解し易い参入障壁として，特許権があります．ある特定の企業がある製品の製造特許権を持っていれば，ライバル社は特許料を支払わなければ，利用できません．この特許料が高額であれば利用をあきらめます．そのため特許権を持つ企業のみが製品を製造・販売することができます．特許権を持っているということは，製造技術という情報を独占していることです．この情報を持っていないライバル社との間に情報の非対称性がある，といいます．他にライバル社がいないわけですから，この企業は独占的に行動できます．

　これらの理由以外に政府による許認可権の入手があります．政府の許認可を受けてはじめて経済活動ができるような業務であれば，これを受けた企業はそうでない企業よりも有利に独占的に行動することができます．自動車の運転は運転免許証を取得した者のみに許されますが，これもこの考え方に含まれます．

　最後に考えられることは，競争の結果，生産効率の優れた企業のみが市場に生き残ることです．生産効率は一般的に財やサービスの1単位当たりの費用である平均費用の減少によって表現できます．いま，図7-1のような平均費用曲線を持つ企業が3社あるとしましょう．生産量が Q^* に近づくにつれて，平

均費用は減少しています．このような平均費用の動きを「規模の経済性」と呼びます．平均費用が最小となる生産量 Q^* は最小最適規模と呼びます．①の費用曲線を持つ企業は Q^* をわずかでも上回る生産をおこなうと，すぐに平均費用が上昇します．②の企業は最小最適規模をある生産量の範囲内で維持できます．③の企業は Q^* を上回り，いくら生産量を増やしても平均費用が上昇することはありません．この３つの企業が競争をすれば，必ず③の企業が勝ち残ります．②と③の費用曲線を持つ企業が属する産業として石油，鉄鋼，電力などがあります．こうした産業は寡占あるいは独占産業と呼ばれます．ライバル企業が少ない産業です．電力会社は電力の生産と供給について地域独占が認められています．

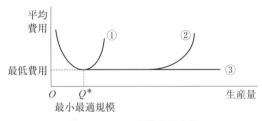

図7-1 ３つの平均費用曲線

　次に，資源配分の説明をします．（完全）競争市場では企業はプライス・テイカー（価格受容者）として行動していました．市場価格を与えられたものとして利潤が最大になる生産量を決めていました．つまり，価格（＝限界収入）＝限界費用が成立するところで生産量を決めていました．このとき企業は一定の価格水準の高さで水平となる需要曲線に直面していました．これを需要の価格弾力性は無限大である，と説明しました．

　独占市場においては，買い手側では互いに競争が生じますので，競争市場と同じように市場需要曲線を導くことができます．これに対して，売り手は1社しかありませんので，売り手間では競争は生じません．売り手がどんな価格水準を設定しても，買い手は必ずこの売り手から，その財やサービスを購入しなければならないからです．だだし，この場合でも買い手は市場需要曲線に基づいて，希望する水準よりも価格が高ければ，需要量を減らし，価格が低けれ

ば，需要量を増やします．

　独占企業は市場における唯一の売り手なので，企業の需要曲線が市場の需要曲線となっており，企業は生産量のみならず価格をもコントロールできる"市場支配力"を持っています．市場全体の需要量は価格が下がると増えますので，独占企業であっても生産量を増やし，市場への供給量を増やそうとすると，価格を下げざるをえません．そのため独占企業は右下がりの需要曲線に直面しています．独占企業も競争市場における企業と同じように，

限界収入＝限界費用

となる生産量で利潤を最大化します．競争市場と違うことは，独占企業は価格が限界費用を上回るところの生産量を選択することです．そして限界収入（総収入［価格×数量］の増加部分）を構成している価格と数量を調整できることです．表 7-1 は利潤の最大化行動を数値例でみたものです．ここでは限界費用

表7-1　独占企業の利潤最大化

生産量 ＝販売量 Q	価格 P	総収入 $TR = P \times Q$	限界収入 $MR = \varDelta TR$	総費用 TC	利潤 π
0	1200	0		0	0
			＞　1100		
1	1100	1100		400	700
			＞　900		
2	1000	2000		800	1200
			＞　700		
3	900	2700		1200	1500
			＞　500		
4	800	3200		1600	1600
			＞　300		
5	700	3500		2000	1500
			＞　100		
6	600	3600		2400	1200
			＞－100		
7	500	3500		2800	900
			＞－300		
8	400	3200		3200	0
			＞－500		
9	300	2700		3600	－900
			＞－700		
10	200	2000		4000	－2000
			＞－900		
11	100	1100		4400	－3300
			＞－1100		
12	0	0		4800	－4800

　　注：利潤＝総収入－総費用．
　　　　限界収入 $(MR) = \varDelta TR = TR_3 - TR_2 = 2700 - 2000 = 700$.
　　　　限界費用 $(MC) = \varDelta TC = 400$.

を一定額で表現しましたが，生産量が少ないところでは，限界収入が限界費用を上回っています．独占企業は限界収入が限界費用を上回る限り，生産量の拡大をおこないます．この場合，4 単位の生産量が選択されることになります．なぜなら，利潤 ［＝総収入－総費用］ が 1600 で最大となっているからです．

　限界収入は生産量の増加とともに減少します．生産量を 1 単位増やすとそれまで販売していた価格水準を下げなければならないからです．独占企業の限界収入はつねに価格水準を下回ります．したがって，グラフに描くとき限界収入は需要曲線の下側に位置することになります．

　次に，需要曲線と限界収入曲線との位置関係を明確にしておきましょう．いま （正確には逆） 需要曲線を 1 次関数で表現します．記号の意味は以前と同じです．

$$P = -aQ + b$$

　記号を使っていますが，この価格 P は具体的に 100 円という金額です．Q は生産量で，すべて売り尽せると考えると販売量になります．この式は，たて軸を P，よこ軸を Q とするグラフにおいて，たて軸切片 b から $-a$ の傾きを持つ右下がりの直線として描かれます．図 7-2 を見てください．

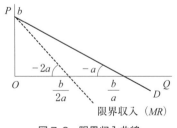

図 7-2　限界収入曲線

　たて軸の価格がゼロ （無料） であれば，需要量は無限大になるとします．これは $0 = -aQ + b$ です．

$$Q = \frac{b}{a}$$

より，Q が無限大に近くなるということは，b に比べて a が極めて小さいということです．そこで $0 = -aQ + b$ は近似的に b に等しいものと考えます．総収入は価格×販売量なので，

$$P \times Q = (-aQ + b) \times Q$$
$$= -aQ^2 + bQ \quad \cdots\cdots\cdots ①$$

と書けます．

　企業がもう 1 単位だけ生産（販売 $= Q + 1$）を増やすときの価格を P_1 とします．

$$P_1 = -a(Q + 1) + b$$

となりますので，このときの総収入は

$$P_1 \times (Q + 1) = [-a(Q + 1) + b] \times (Q + 1)$$
$$= -aQ^2 - aQ + bQ - aQ - a + b \quad \cdots\cdots\cdots ②$$

となります．ここで限界収入は生産量 $Q + 1$ から生産量 Q のときの総収入を差し引いた金額です．

$$②式 - ①式 = P_1 \times (Q + 1) - P \times Q$$
$$= -2aQ - a + b$$
$$\fallingdotseq -2aQ + b$$

となります．これが限界収入となります．元の需要関数と比べると，たて軸切片 b を共通として，傾きが 2 倍（$-2a$）になっています．図 7-2 のように，よこ軸切片 $\left(\dfrac{b}{2a}\right)$ は原点（O）と需要関数の切片 $\left(\dfrac{b}{a}\right)$ の中点になっています．需要関数を曲線で描いたとしても，その傾きは元の関数の 2 倍になります．

（1）独占企業の価格と生産量

　ここでは独占企業の価格と生産量を需要の価格弾力性（ε）を使って説明します．

$$需要の価格弾力性（\varepsilon）= -\frac{\Delta Q}{\Delta P} \cdot \frac{P}{Q}$$

生産量が ΔQ だけ変化すると，需要曲線が右下がりなので価格も ΔP だけ変化します．このとき限界収入は，

$$限界収入 = (P + \Delta P) \times (Q + \Delta Q) - (P \times Q)$$

$$= P \times \Delta Q + Q \times \Delta P$$

$$= P \times \Delta Q \left(1 + \frac{\Delta P}{\Delta Q} \cdot \frac{Q}{P}\right)$$

$$= P \times \Delta Q [1 + (-\varepsilon^{-1})]$$

$$= P \times \Delta Q \left(1 - \frac{1}{\varepsilon}\right)$$

となります．ここで，$\Delta P \times \Delta Q$ は極めて小さな値になるので，無視しています．限界収入は生産量 Q を 1 単位増やしたときの総収入の変化分なので $\Delta Q = 1$ とおきます．

結局，限界収入は

$$限界収入 = P \left(1 - \frac{1}{\varepsilon}\right)$$

と表現できます．この式から分かるように，限界収入は必ず価格 P よりも $P \times \frac{1}{\varepsilon}$ だけ下方に位置することになります．これが独占企業の限界収入は常に需要曲線の下側に位置するということの証明になっています．

利潤を最大化する条件は限界費用＝限界収入なので，

$$限界費用 = 限界収入 = P \left(1 - \frac{1}{\varepsilon}\right) \qquad \cdots\cdots\cdots ③$$

となります．ここで競争市場では需要の価格弾力性は無限大（∞）でしたので，

限界費用 = 限界収入 = P

となります．つまり，競争市場は独占という不完全競争市場の特殊なケースであることが分かります．

③式は

$$P = \frac{1}{\left(1 - \dfrac{1}{\varepsilon}\right)} \times 限界費用$$

$$\left(\frac{1}{\varepsilon}\right) = \frac{P - MC}{P}$$

と書き換えることができます．MC は *marginal cost* （限界費用）の頭文字をとったものです．図7-3のように $\varepsilon = 1$ のとき，限界収入はゼロです．$\varepsilon < 1$ のとき，限界収入は減少します．独占企業は $\varepsilon > 1$ となるところを選択して生産活動をおこないます．この範囲内では限界収入はプラスになっているからです．

なお，右辺の $\left(\dfrac{P - MC}{P}\right)$ はマークアップ率と呼ばれもので，独占企業が設定する価格が限界費用と，どれだけ乖離しているかを示す指標となります．$\dfrac{1}{\varepsilon}$ はラーナーの独占度と呼び，需要の価格弾力性（ε）が小さいほど，マークアップ率や独占度は大きくなります．競争市場では，価格は限界費用に等しいので，$\dfrac{1}{\varepsilon}$ は独占企業が競争市場であれば受け入れたであろう価格水準からどれだけ価格を高く設定できるのか，を示す指標であるとも言えます．

図7-3の弾力性の区分を理解するために，需要関数を $x = 10 - P$ とし，その弾力性を求めてみます．この場合の弾力性の定義は，

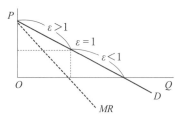

図7-3　弾力性と限界収入曲線

$$\varepsilon = -\frac{\dfrac{\Delta x}{x}}{\dfrac{\Delta P}{P}} = -\frac{\Delta x}{\Delta P} \cdot \frac{P}{x}$$

と表現できます. $\dfrac{\Delta x}{\Delta P}$ は需要関数をグラフに描いたときの，たて軸から測った「傾き」なので，−1です. 図7-4の A の角度になっています. グラフに描くときは，需要関数を $P=10-x$ と変形するとわかり易いと思います. これは1次関数なので，傾きは−1です. 弾力性は，

$$\varepsilon = -\frac{\Delta x}{\Delta P} \cdot \frac{P}{x} = -(-1)\frac{10-x}{x} = \frac{10}{x} - 1$$

となります.

$x=4$ のとき，$\varepsilon=1.5$ なので，$\varepsilon>1$.

$x=5$ のとき，$\varepsilon=1$.

$x=6$ のとき，$\varepsilon\fallingdotseq0.6$ なので，$\varepsilon<1$.

　図7-4のように，よこ軸の中点5に対応する需要曲線上の弾力性1（中立）を基準として，弾力性はより弾力的な場合（$\varepsilon>1$）と，より非弾力的（$\varepsilon<1$）な場合に分けることができます.

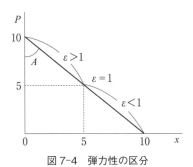

図7-4　弾力性の区分

（補論）微分法による解法

　ここでは微分法の有用性を知ってもらうために，独占企業の価格水準の決定を微分法を用いて説明します．次のように記号を定義します．利潤を π，生産物価格を P，生産量を q，総費用 $TC(q)$ を生産量の関数として定義します．利潤は

$$\pi = P \cdot q - TC(q)$$

と表現できます．この式を生産量 q で微分します．

$$d\pi = \frac{d(P \cdot q)}{dq} - \frac{dTC(q)}{dq} = 0$$

$\dfrac{d(P \cdot q)}{dq}$ は限界収入（MR）です．$\dfrac{dTC(q)}{dq}$ は限界費用（MC）です．具体的に，限界収入を微分します．

$$\frac{dP}{dq} \cdot q + P = MC$$

$$P\left(1 + \frac{dP}{dq} \cdot \frac{q}{P}\right) = MC$$

$\varepsilon = -\dfrac{dq}{dP} \cdot \dfrac{P}{q}$ を使って，書き換え P について解くと，

$$P\left(1 - \frac{1}{\varepsilon}\right) = MC$$

$$P = \frac{1}{\left[1 - \dfrac{1}{\varepsilon}\right]} \cdot MC$$

となります．このとき，MC は企業の内部で決まる要因です．ε は企業の外部要因であり，競争関係を反映して決まります．そこで ε が ∞（無限大）となるとき，$\dfrac{1}{\varepsilon}$ はゼロになります．このとき，$P = MC$ となって完全競争市場の均衡条件を導くことができます．このことは，完全競争市場は不完全競争（独占）市場の特殊なケースであることを意味しています．

　本書では，微分法を用いた説明はしませんが，このように微分の操作ができると比較的容易に経済メカニズムを理解することができます．

（2） 価格差別による利潤

　価格支配力をもつ企業は，競争的な企業と違い，さまざまな価格戦略によって，利潤を最大化することができます．同じ財やサービスでも買い手や購入量によって異なる価格水準で販売できる方法を価格差別といいます．この背景には買い手の支払い意欲の違いがあります．支払い意欲は留保価格で表現できました．例えば，映画館の入場料金には学生割引があります．これは興業主の慈善活動の一環としておこなわれているわけではありません．金銭的な制約の大きい学生の留保価格は高くありません．映画館は高い料金を設定すると映画館へ来てもらえません．留保価格の下限に近い，つまり料金を下げると映画館へ来てもらえる可能性が高くなります．つまり学生の映画に対する需要の価格弾力性は大きい，と言えます．一方，金銭的な制約の小さい社会人の留保価格は高く，多少高い料金を設定しても映画館へ来て映画を観てもらえます．つまり社会人の映画に対する需要の価格弾力性は小さい，と言えます．観客が学生であれ，社会人であれ，映画館を運営するときの限界費用はほぼ同じです．図7-5のように，この価格弾力性の違いをうまく利用して，映画館は潜在的な観客を学生グループと社会人グループに分け，利潤を最大化する料金を設定しているのです．

　学生グループを添え字 A，社会人グループを B で表します．

$$限界収入_A = P_A\left(1 - \frac{1}{\varepsilon_A}\right) = 限界費用 = P_B\left(1 - \frac{1}{\varepsilon_B}\right) = 限界収入_B$$

これより$\varepsilon_A > \varepsilon_B$ であれば，$P_A < P_B$ が成立し，弾力性の小さいグループの方が，価格は高くなります．これは弾力性の大きいグループに高い料金を設定すると観客数が大きく落ち込み，映画館の収入が減少してしまうからです．

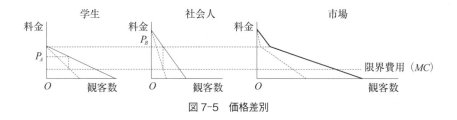

図7-5　価格差別

観光地の宿泊施設の料金にシーズン（また平日と週末）ごとに違いがあったり，航空券に早朝割引制度があるのも，こうした差別価格の一種です．

（3）利潤の最大化条件からみた余剰の損失

図7-6において，競争市場の均衡は点 C，独占市場の均衡は点 A で示すことができます．この2つの市場における価格と生産量の組合せを比べると，独占市場において価格 P^{**} はより高く，生産量 Q^{**} はより少なくなっています．このことの直感的な意味は，独占企業は生産量を削減し，価格を引き上げて利潤を確保しているということです．ライバルとなる企業がいないわけですから，独占企業は価格を恣意的に高く設定することによって容易に利潤を確保することがあります．

これを余剰概念で説明すると，

競争市場における消費者余剰は△ FP^*C

独占市場における消費者余剰は△ $FP^{**}A$

となります．

このグラフは瞬間的に競争市場から独占市場へと市場の競争構造が変化していますが，この変化とともに消費者余剰を示す面積が縮小しています．四角形 $AP^{**}P^*M$ は独占企業の利潤を表現していますが，この面積は消費者から独占者への所得移転であると説明されています．△ ACM はデッド・ウエイト・ロス（DWL：死重的損失）と呼ばれ，市場が独占されたために消費者が失った余剰の規模になっています．この失った余剰は誰かが負担しなければなりませんので超過負担と呼びます．これは購入価格が高くなったことにより，消費者であれば購入する機会を失った（あきらめた，あるいは放棄した）ことを意味します．生産者であれば，販売価格が高くなったことにより，失った販売量あるいは価格が高くなったので，放棄した生産量を意味します．いずれにしろ両者にとって，ある種の機会費用となっています．

単純なグラフですが，なぜ企業間での競争が国民や消費者の利益につながるのか，を表現しています．なお，このグラフは利潤を最大化する価格と生産量

の組合せを表現したものです．あくまでも具体的な利潤は（価格－平均費用）
×生産量と算出します．このグラフの中に平均費用を示す関数を書き込むこと
によってその規模を測ることができます．平均費用は最低点をもつ曲線（二次
関数）で表現されます．

　市場が独占化され，消費者が損失を被ることを避けるために独占的な価格や
生産量の決定を政府が規制しています．日本では公正取引委員会が独占禁止法
によって市場を競争的に維持する政策を行っています．

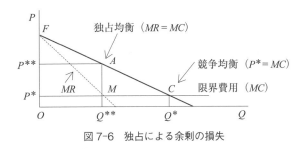

図7-6　独占による余剰の損失

3．外部性（効果）

　市場において，買い手と売り手がそれぞれ効用の最大化と利潤の最大化を達
成している限り，市場経済はうまく機能しています．つまりパレート最適な状
態が達成されていました．つまり，限界効用＝市場価格＝限界費用という関係
が成立していました．

　しかし，この市場での経済活動が市場の外にいる第三の経済主体に影響を与
えることがあります．このように市場内での経済活動が市場の外にいる経済主
体に影響を与えることを外部性（効果）があるといいます．市場では価格（お
金）を媒介として財やサービスの取引がおこなわれましたが，この外部性が発
生しているときには市場が形成されない限り対価の負担なしに取引がおこなわ
れます．図7-7を見てください．

　第三者に与える影響はプラスとマイナスの場合があります．プラスの効果が
金銭という形で表れる場合を金銭的外部効果といいます．またプラスの効果が

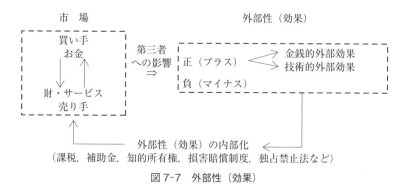

図 7-7　外部性（効果）

費用を下げるように表れる場合を技術的外部効果といいます．第三者にマイナスの影響を与える場合を外部不（負）経済と呼び，その典型例が公害です．なお，経済活動にかかわらずプラスとマイナスのみを問題とするのであれば，相思相愛の恋愛はプラスの外部性になります．不幸にもストーカされていれば，マイナスの外部性になります．ここでの説明は経済活動に限定します．

　最初に，金銭的外部効果を説明します．自宅の地価が一坪 5000 円としましょう．自宅の前には大きな道路があり，ある日，札幌市役所がこの道路の下に地下鉄を通し，自宅の 10m 隣に地下鉄の駅を作るという計画を発表します．そうすると自宅の地価はしだいに上昇し，一坪 20 万円になったとします．このときこの土地を売却すれば一坪あたり 19 万 5000 円のお金を入手できます．このお金を入手できたのは，自分の努力ではなく，市役所が地下鉄の駅を作るという経済活動の賜物です．このように他人の経済活動が自分に金銭という形で直接，利益を与えてくれることを金銭的外部効果と呼びます．

　なお，地価が上昇する理由も簡単です．駅周辺には無数の人が集まります．人の集まる所にはお金をもうける機会（ビジネスチャンス）がありますので，まず不動産屋が駅周辺の土地を買占めます．限られた面積の土地に多くの不動産屋が殺到するわけですから土地への超過需要が発生します．そのため自ずと地価は上昇します．

　次に技術的外部効果ですが，これはスマホや携帯電話の普及に見られるように，誰かの発明や技術革新によって，その周辺にいる人たちが経費や時間を節

約できるようになった状態を意味しています.

　外部不（負）経済については，公害問題（大気汚染，騒音）を考えれば分かりやすいように，誰かの経済活動が買い手の効用関数や売り手の費用関数に悪い影響を与えることです.

　こうした外部性の大きな問題は市場が形成されませんので対価を負担することなく，利潤を入手できますし，費用を被ることです. とりわけ技術的外部効果については，その発生者の発明や技術革新への貢献を金銭的に補償すべきであるということから，知的所有権のルールが作られています. パソコンのソフトやゲーム・ソフトを購入するときの代金はその開発者への報酬になっています. 負の外部効果については，損害賠償制度によって補償します. 裁判所でその金額が決められます. 決められた金額は負の外部効果の対価と考えることができます. このように市場から外へ出た効果をもう一度市場取引（対価の支払い）のできる財やサービスとして市場の内部へ戻すことを外部性の内部化と呼んでいます. この内部化をするときに法律が作られ，その効力を発揮します.

　次に，公害を抑止する政策を考えます.

　いま，競争的な市場で2つの企業Aと企業Bが操業しているとします. 企業Aを公害の加害企業，企業Bを被害企業とします. 企業Bは企業A以外の社会に存在するすべての企業と呼んでもかまいません. 企業Bの生産活動は考えず，企業Aの生産とともに利潤を減らす（損害を被る）ものとします. そしてこの限界損害は無限に大きくなるとします.

　企業Aは競争市場にいるので利潤を最大化する生産量（x^*）を決めます. この生産量は財やサービスであると同時に公害の量になります. 利潤の最大化条件は

　　　価格＝限界費用

でした. 価格は生産物をもう一単位販売したときの（限界）収入でした. 限界費用は生産物をもう一単位生産したときの総費用の増分でした. したがって価格マイナス限界費用は限界利潤です. 生産物をもう一単位販売したときの利潤

の増分を意味します．利潤が最大化する生産量では，この限界利潤はゼロになります．

図7-8のx^*が最適な生産量になります．この図の中の限界費用（MCと表現しています）は企業Aのみの費用なので，私的限界費用（PMC）と呼びます．この限界費用には企業Bが被る費用は含まれていません．企業Bが被る費用を限界損害と名づけます．この限界損害を含めたものが社会的限界費用（SMC）になります．図7-9のように，私的限界費用に加算されます．社会は生産にともなう限界デメリット（PMC＋限界損害）と社会的な限界評価である価格に一致する生産量を決めます．このとき社会にとって望ましい生産量はx^{**}に決まります．外部性があるときに，それを放置しておくと，社会的に望ましい生産量を上回る公害（$x^*>x^{**}$）が発生してしまうことが分かります．

次に，この公害という外部不経済を内部化する政策を考えます．ここでは政府による介入と介入によらない解決策を考えます．政府の介入による代表的な解決策には課税方式と補助金方式があります．

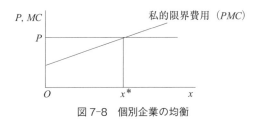
図7-8　個別企業の均衡

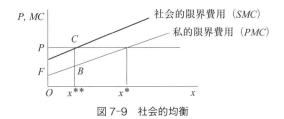
図7-9　社会的均衡

（1） ピグー課税

　課税方式から考えます．この課税方式は最初に提唱した経済学者の名前に因んでピグー課税と呼ばれています．このピグー課税は，外部不経済を出す企業に対して，その不経済を課税という形で認識させ，社会的に望ましい生産量（資源配分）を実現させる，という意義があります．政府は企業 A に対して，企業 B が被っている限界損害と同じ金額だけの課税をすれば，企業 A の最適な生産量を x^{**} へと減らすることができます．この場合，限界損害と等しい従量税（後の章で詳しく説明します）を課せば，私的限界費用（PMC）は社会的限界費用（SMC）へと平行移動することになります．

　ただし，この課税方式には問題もあります．①公害を減らすという資源配分を効率的にする方法を論じているのみです．②課税収入をどう使うのかという問題が残っています．税収を一括固定の補助金として民間部門へ返還することもできます．その場合，被害企業 B へ返還しても，加害企業 A へ返還しても最適な生産量（x^{**}）を達成できます．加害企業へ返還することは公平性を欠いているかもしれません．しかし，政府の目的が公害を抑制することであれば，許されることもありえます．

（2） 補助金

　これは生産量を x^* から縮小すれば，それに応じて生産量 1 単位あたり @ 円の補助金を加害企業 A に支給するという政策です．社会的に望ましい生産量（x^{**}）が事前に分かっていれば，企業 B の限界損害に等しい補助金を支給すればよいことになります．この政策にも問題があります．補助金をどこから調達すればよいのでしょうか．被害企業 B から一括税として徴収することも考えられます．しかし公害の被害企業から加害企業へ所得を移転させるということは，分配の公平性から許されないこともあります．

　ピグー課税，補助金のいずれの政策であれ，資源配分の効率性からすると結果は同じになります．ただし，いずれの政策を実施しても，公害の量が減るだけです．公害をゼロにする，つまり無くそうとすれば，それは企業 A 自体を市場から排除するしか方法はありません．

（3） 量的制限政策

　市場価格と社会的限界費用とが一致するように企業 A の生産量を誘導すればよいわけですから，政府が企業 A の生産量を上限 x^{**} に設定する量的制限政策をとることが考えられます．企業 A の限界費用は *FBC* 線となり，このとき価格と社会的限界費用とが一致しています．

（4） コースの定理

　ピグー課税や補助金では，政府が政策的に介入することによって，外部不経済を緩和していました．これに対して政府が介入しなくても当事者どうしの自主的な交渉に任せることによって，外部不経済が緩和できる可能性のあることも知られています．この考え方を強調したのは経済学者のコース（Coase, R. H.）です．コースは，交渉によるメリットが存在する限り，当事者間で自発的な交渉がおこなわれる誘因があり，その結果，交渉のメリットがお互いに消滅するまで資源配分が変更され，最終的には外部不経済も緩和しうることを明らかにしました．この考え方はコースの定理（*Coase theorem*）と呼ばれています．

　コースの定理とは「当事者間での交渉に費用がかからなければ，加害者と被害者のどちらの主体に権利を与えても，当事者間での自発的な交渉は同じ資源配分の状態をもたらし，しかもそれは効率的になる」という考え方です．交渉にかかる費用は取引費用と呼ばれています．ここでいう権利とは，加害者であれば，公害を出してもよいという法的権利を与えられることです．被害者であれば，公害を回避したいという法的権利を与えられることです．この権利の配分先が確定し，互いに交渉のメリットがあり，かつ取引費用がかからなければ，自発的な交渉を始めます．取引費用はゼロでなくても小さい場合を考えればよいわけです．図 7-10 には企業 A の限界利潤，企業 B の限界損害を示す直線が描かれています．

　①企業 A に公害を出す法的権利が与えられる場合を仮定します．この場合，企業 A は利潤を最大化する（限界利潤がゼロとなる）生産量 x^* を選択します．総利潤は *OAB* の面積で表されます．このとき企業 B が被る損害の

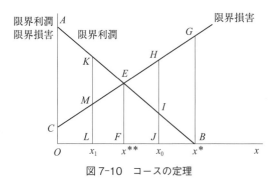

図 7-10　コースの定理

総額は *OCGB* の面積で表されます.

　生産量が x^* から x_0 へ削減されると, 企業 B の限界損害の減少幅 ($H-$ J) が, 企業 A の限界利潤の減少幅 ($I-J$) を上回ります. 生産量の削減は企業 B にとって有利な状況が発生しています. そこで企業 B は企業 A に対して, 生産量の削減を求める交渉を始めます. 交渉にあたって企業 B は企業 A の利潤の減少を補償することを提案します. また, 企業 A もその提案内容をみながら交渉にのぞみます.

　企業 B は生産量の削減をどのレベルまで要求するでしょうか. また, 企業 A もその要求をどこまで受け入れるでしょうか. つまり交渉はどの生産量レベルで妥結するのでしょうか. それは生産量 x^{**} です. これ以上に生産量を削減すると, 限界利潤の増加幅 ($K-L$) が限界損害の減少幅 ($M-L$) を上回るので, 企業 B にとって不利な状況が発生します. x^{**} までであれば, 企業 B にとって有利な状況が続いています. x^{**} であれば, 企業 B は企業 A が失う利潤額 *EFB* を補償しても, まだ *EGB* の面積に相当するメリットが残る (損害が減る) からです. 企業 A も失う利潤額を補償してくれる限り, この交渉を受け入れることができます. ただし, 企業 A は *EFB* 以上の補償額を要求するかもしれません. 企業 B は最大限 *EFBG* の面積に相当する補償額を支払ってもよいと考えているので, この場合の補償額は交渉力によって決まります.

②次に, 企業 B に公害を受けたくない (回避する) という法的権利が与え

られる場合を仮定します．この場合，企業Bは，いかなる交渉にも応じないということが考えられますが，ここでは企業Aが企業Bに交渉を持ちかけ，補償金を支払って，公害を出す権利を購入することを説明します．企業Aにとって補償金を支払ってもなお利潤が確保できる生産量があるのであれば，こうした交渉を始めます．

　この生産量は x^{**} になります．x^{**} までは限界利潤の増加幅が限界損害の増加幅を上回りますので，企業Aは生産量を増やします．x^{**} を上回ると，逆の状況が発生するので，企業Aはこの生産量を選択します．この生産量では，企業Aの総利潤額は *OAEF*，企業Bの総損害額は *OCEF* です．総利潤額は企業Aが支払ってもよいと考えている最大の補償額なので，企業Bにとっても，この生産量で交渉を受け入れることが望ましい選択となります．

　このようにコースは政府が介入しなくても当事者間での自発的な交渉は資源配分を（パレート）効率的にする可能性があることを明らかにしました．この考え方は多くの社会問題をコースの定理が成り立つような状況で解決できる限り，政府や法制度の役割は小さくてもよい，という政策論に結びついています．

　ただし，最適（効率的）な資源配分を実現するには，当事者間での権利の配分を確定することに加えて，書面での契約の実行を保証することが必要です．でなければ私的な合意をうまく取り結べなくなってしまうからです．

　つまり契約の強制履行や所有権を保証する最低限度の法律を必要とします．しかし特定の権利の配分を強制するような法律，特定の契約方式や支払い方式を規定するような法律は必要としません．自由な交渉や契約が費用をかけることなくできる限り，権利の帰属先さえ確定しておけば，それ以上政府や法的な介入をする必要はないのです．

　しかし，このコースの定理にも問題があります．①権利の配分先を確定することが困難であること．とりわけ不特定多数の被害者がいる公害では当事者を確定することが困難です．②実際には，弁護士費用，その他の訴訟費用という取引費用がかかります．また当事者を確定するにも費用と時間がかかります．さらに，精神的な負担も費用となります．こうした取引費用が大き

い場合には，自発的な交渉では妥結しないことがあります．当然，裁判所で争うことになります．コースの定理は取引費用をかけたくない示談ですませることができる事故や紛争の説明には有用であるかもしれません．

（5）バッズの売買市場

公害は他者の効用を下げる外部不経済でした．効用を下げる財やサービスの取引市場は形成されません．しかし，ゴミの有料化制度や家電リサイクル制度があるように効用を下げるものにも取引市場を作ることができます．第2章で説明したように，一般的に効用を下げる財・サービスをバッズと呼び，経済財や自由財と区別しています．ここでは外部不経済を発生させるバッズの市場を考えます．

いま，不幸にも火災が発生し，消火時に大量の文庫本が水に濡れてしまいました．ある個人がこの文庫本を処理する方法を考えます．この個人は何とか古本屋に買い取ってもらうことを考えています．図7-11において，D はこの文庫本の需要者（古本屋），S は文庫本の供給者を示す，それぞれ需要曲線と供給曲線です．とにかく供給者は，この文庫本を処理したいので1本だけ供給曲線が描かれています．古本屋は，文庫本の状態をみてから引き取るか否かを判断しますので，3本の需要曲線が描かれています．均衡点 E_1 は古本屋が文庫本を引き取ってくれる状況です．古本にはまだ交換価値と使用価値が残っています．文庫本と代金が売り手と古本屋との間で移動しますので，この文庫本は経済財となります．均衡点 E_2 では，古本屋は無料で引き取っていますので，

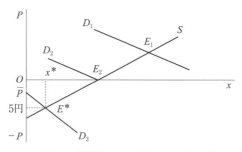

図7-11 経済財，自由財とバッズの均衡

この文庫本は自由財です．水に濡れているので，買い取っても商品価値はありませんが，好意で文庫本を引き取ってくれている状態です．一方，均衡点 E^* は状況が違います．文庫本は商品価値がなく，たとえ代金など要求しなくても，どこの古本屋も引き取ってくれません．水に濡れているので放置しておくと黴（かび）がつき悪臭が出て，近所に迷惑（外部不経済）をかけるかもしれません．そこで持ち主は自分でお金を支払ってゴミ処理業者に処理をしてもらわなければなりません．持ち主は 1 冊当たり，5 円を支払って，合計 x^* 冊を引き取ってもらいます．この場合，お金と文庫本はその所有者から一方的に需要者へと移動します．そして均衡価格はマイナスになります．こうした財やサービスをバッズと呼んでいます．

　ここで注意してください．経済学はグラフを描くときにも意味を持たせています．いま D_3 の需要関数はたて軸切片（$\overline{P}$）から発しています．ということは，取引量がゼロでも一定の金額を支払っています．まだ文庫本は引き取られていませんので，この金額は引き取りに来てもらう際に要求される出張費や基本料金という意味があります．

　ゴミ処理業者がこの文庫本を裁断し，何かの原材料や再生紙へ造り替えれば，この文庫本は再び経済財に蘇（よみがえ）ります．この一連の流れをリサイクルと呼んでいます．リサイクルとは，ある商品が経済財 → バッズ → 経済財となることです．こうした考え方は実際に応用されており，廃家電品，ペットボトルなど多くのリサイクル制度があります．本書では説明しませんが，グラフで表現すると第 2 象限が分析対象となります．

（6）その他の内部化政策

　これら以外に企業 A と企業 B が合併をする場合や公害を売買する市場を作る政策もあります．前者については実現が困難であろうと思われます．公害を出す企業とわざわざ合併をしてくれるような企業はない，と考えられるからです．後者の公害を売買する市場はすでに排出権の国際的な取引市場が作られ，各国間で CO_2 の売買がおこなわれています．いずれの政策を使おうとも公害の量はゼロにはなりません．減らせるだけです．公害をゼロにしようとすれ

ば，元凶である企業自体を市場から排除しなければなりません．

4.　市場の欠如と公共財の供給

（1）　サミュエルソンの条件

　財やサービスのなかには市場では供給されないものがあります．あるいは市場に任せたのでは，十分に供給がされないものがあります．本来，市場がない，欠如している状況です．これらを総称して公共財と呼び，政府が供給します．政府が供給しますので，財源は税金です．税金を積極的に納めたい人はいないので，公共財の供給については，私的財にはない経済現象が発生します．これは公共財の性質（非競合性と排除不可能性）によります．

　最初に，最適な公共財の生産（供給）量について説明します．市場で供給される財やサービスは対価を支払った人が占有して消費できるので，個々人は価格＝限界効用となる数量を消費しました．社会全体の需要量は個々人の需要量を横に加算することで求めることができました．しかし，公共財にはこの消費の排除性がありませんので，個々人の限界効用を評価することができません．対価を支払うことなく，誰でも消費することができます．そのため利用者が殺到し混雑現象が生じます．しかし，公共財に対する個々人の評価を知ることはできます．また市場で供給される財やサービスは特定の個人が買い占めれば，他の個人が消費できなくなるというように消費の競合性がありますが，公共財にはこの性質もありません．こうした公共財の例として公園を考えます．

　いま公園から得るサービス（便益）に対する2人のサラリーマンの評価を考えましょう．個人Aは独身，個人Bは幼い子どものいる既婚者とします．個人Aはほとんど公園を利用する機会がありません．そのため公園に対する評価は低くなります．一方，個人Bは休日に家族そろって公園で遊び，ランチも楽しんでいます．したがって，公園に対する評価も高くなります．この2人の公園に対する評価を表現したものが，公園の利用から得る限界便益（評価＝効用）曲線です．私的財であれば個人の需要曲線になります．図7-12には，一定の面積（$\bar{x}$）の公園に対する，この評価の違いが分かるように，限界便益

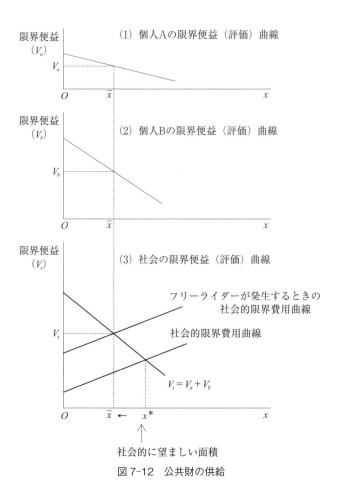

図7-12　公共財の供給

曲線が描かれています.

　公共財の性質より, 社会全体の限界便益曲線を求めるには各人の限界便益曲線を縦に加算しなければなりません. 一定の面積に対して個人 A は V_a の限界評価をし, 個人 B は V_b の限界評価をしています. 面積を1単位増やすと, A は V_a, B は V_b の追加的便益を受けます. 両者が受ける追加的便益の合計は, $V_s = V_a + V_b$ となります. なぜなら消費の非競合性という性質より, この1単位の供給量を A と B は同様に利用できるからです. すべての供給水準における

2人の限界便益曲線を合計すると社会的限界便益曲線（V_s）を得ることができます．私的財には消費の競合性がありますので，各消費者の需要曲線（限界評価曲線）を縦に合計しても社会的限界便益曲線を得ることはできません．

この公園を供給する費用は社会的限界費用曲線として描かれています．私的財であれば市場の供給曲線になります．この費用が図のような形状と位置にあれば，社会的にみて望ましい面積は x^* に決まります．この面積よりも狭い面積では，限界便益が限界費用を上回るので公園の供給量を増やすという調整ができます．また，x^* よりも広い面積では限界費用が限界便益を上回ってしまいますので公園の供給量を減らすという調整ができます．そこで理論的には限界便益と限界費用とが一致する面積 x^* が選ばれることになります．面積 x^* では，社会的限界便益（$V_s = V_a + V_b$）＝社会的限界費用（SMC）となっています．言葉でいうと「公共財が最適に供給されているとき，各個人の限界評価の合計は限界費用に一致する」ことを意味しています．これは，公共財が最適に供給されるための基本的な条件であり，サミュエルソンの条件（Samuelson's condition）と呼ばれています．

なお，より一般的に n 人の個人がいるとき，第 i 個人の最適点における限界評価（便益，効用：marginal utility）を MU_i^*（$i = 1, 2, \cdots\cdots n$）とすると，サミュエルソンの条件は

$$MU_1^* + MU_2^* + \cdots\cdots + MU_n^* = SMC^*$$

と表現できます

公園を造る費用は2人の税金で賄われますが，公園に対する2人の評価が違いますので，税負担をめぐって問題が発生しがちです．利用機会の少ない個人Aは公園を造るための税負担をしたくありません．個人Aは負担をしなくても公園の利用を排除されることはありません．むしろ公園を高く評価している個人Bにその負担をして欲しいと思っています．個人Aがこうした考えを持つとき，公園を造る費用は不足することがあります．そのため望ましい面積の公園を造ることができなくなる可能性が発生します（$x^* \to \bar{x}$）．この個人Aの行動は公共財に特有のフリーライダー（ただ乗り）という現象です．この現象

が発生しがちな公共財は社会的に必要な量を下回って供給されることになります．フリーライダーを排除するには公園の入り口に料金所を設けて，利用料金を徴収し公園の利用サービスを私的財にすることです．

（2）リンダール均衡

　公共財に対する評価が個々人で異なる限り，つねにフリーライダーが発生するかもしれません．そうであれば，社会的に望ましい量の公共財を供給することはできません．そこで次のように考えてみます．個々人の評価の違いは公共財から受ける限界効用（MU）の違いでした．限界効用は，ある量の公共財に支払ってもよいと考えている金額でした．そこで，この限界効用の違いに着目して，各人の支払い意欲に応じて異なる価格を設定したらどうでしょうか．各人は自分の評価に応じて支払うわけです．公共財ですので，もちろん政府がその価格を提示します．私的財と類似した調整メカニズムを適用してみるのです．私的財の市場では，需要と供給の不一致は価格水準の変動を通じて調整されました．これをワルラス的調整と呼びました．

　単純化するために，2人の個人（AとB）からなる社会を想定しましょう．公共財の供給費用を2人の間で分担しながら，その望ましい水準を選択していくというプロセスを考えます．供給費用に関する各人の負担比率を，それぞれαと（$1-\alpha$）とします．負担比率は$0<\alpha<1$となっています．

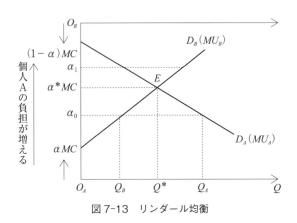

図7-13　リンダール均衡

　政府は各人に公共財の費用負担比率を提示し，その上で各人に希望する公共
財の量を報告させます．各人の希望する公共財の量が一致しないとき費用負担
比率を変更して再び各人の希望量を報告させます．これを繰り返せば，政府は
各人の希望に一致する公共財の量を発見することができます．そして最終的な
費用負担比率も決定することができます．公共財を Q，その限界費用（一定と
します）を MC と表現します．ここで公共財の限界費用に各人の費用負担比率
を乗じたものを租税価格（公共財の価格＝租税負担率）と呼びます．この価格
を政府が各人に提示することになります．したがって，2人の租税価格は αMC
と $(1-\alpha)MC$ と表すことができます．この租税価格が両者に対して公共財の
いわば価格シグナルの役割を果たすことになります．

　図7-13において，よこ軸に公共財の量 (Q)，たて軸に O_A から上方向へ個
人Aの租税価格 αMC をとります．上方向へ進むほど，負担率は高くなります．
O_B から下方向へ個人Bの租税価格 $(1-\alpha)MC$ をとります．2人の公共財に
対する需要曲線（限界評価：MU）が，それぞれ D_A と D_B として描かれていま
す．政府は負担比率 (α) を変化させながら，租税価格を提示します．政府が
個人Aに負担率 α_0 を提示すると，個人Aは Q_A を需要することを報告します．
個人Bは供給量が Q_A であれば，負担率 $(1-\alpha_0)$ で Q_B を需要します．明らか
に，個人Aの需要が個人Bのそれを上回っています $(Q_A>Q_B)$．次に，政府
はより高い負担率 α_1 を提示します．個人Aの負担率は上がり，個人Bのそれ
は下がります．よって，個人Aの需要は減り，個人Bのそれは増えます．こ
こでは明らかに個人Bの需要が個人Aのそれを上回っています．政府は負担
率を調整し，各人からの報告を聞きながら α^* に設定すると，2人の需要量は
一致します．政府はこの需要量 Q^* を供給することになります．均衡点 E では，

　　　　個人Aについては $MU_A=\alpha^*MC$

　　　　個人Bについては $MU_B=(1-\alpha^*)MC$

となります．2人の合計は

　　　　$MU_A+MU_B=MC$

となります．よって均衡点では公共財の効率的な供給条件であるサミュエルソンの条件が成り立ちます．この均衡点をリンダール均衡（*Lindahl equilibulium*）と呼んでいます．

　ただし，リンダール均衡が成立するためには，次のような前提あるいは条件が必要となります．まず，個人間での適切な所得分配が達成されているという前提です．公共財が下級財（消費量は所得の増減と逆の動きをする）であれば，初期の所得の増加は高所得者の負担率を下げることになります．よって政府が租税価格を決める前に所得分配の公平性が確保されていなければなりません．さらに困難な問題があります．政府が探している租税価格は各人の限界効用そのものです．限界効用はごく個人的な（私的）情報ですので，本人以外は正確に知ることができません．政府は市場の需給均衡を調整する競売人（セリ人）のような役割をするわけですから，各人が自分の限界効用を正直に報告してくれなければ，望ましい租税価格を発見することはできません．リンダール均衡では自分が報告した限界効用の大きさがそのまま自分の負担額になるわけですから，誰もが負担額を減らすために限界効用を少な目に報告するはずです．この情報は私的情報ですから政府といえども，このウソを見抜くことは困難です．繰り返しますが，リンダール均衡が成立するためには，各人が正直に自分の限界効用を報告するという前提が必要です．

　リンダール均衡は一見すると公共財の最適配分を実現しそうにみえますが，こうした問題点を考えると，実際には達成することが不可能であると評価されています．いわば「机上の空論」と揶揄されることもあります．

　一般的に道路，空港，橋，貨幣，警察，国防，裁判所，灯台などの社会的共通資本も公共財に含まれます．また政府が供給している義務教育も公共財です．一部に個人が経営する私立の小中学校もありますが，大半は政府が運営しています．教育を通常の財やサービスのように自由な市場での取引に任せると，裕福な（支払い能力の高い）家庭の子どもたちのみがサービスを受け，そうでない家庭の子どもたちは受けられません．教育には受けた者の間でのコミュニケーションをスムースにする機能があります．この機能は最終的に社会的な生産性を高めます．したがって基礎的な読み・書き・話す・計算する能力を身に

付ける義務教育を政府が供給しています．この教育の機能はプラスの外部効果
です．こうした財を価値財と呼んでいます．

5.　情報の非対称性

（1）　留保価格，最低販売価格と取引

　競争市場が成立する条件のなかに，財の同質性と情報の完全性がありまし
た．財の同質性とは，売り手が販売する財やサービスはすべて同じ質である，
ということです．情報の完全性とは，市場で発生している情報は買い手も売り
手も等しく共有しているということです．情報の対称性があると言います．情
報に対称性があることによって，買い手も売り手も合理的な選択行動や意思決
定ができました．このとき限界効用＝価格＝限界費用となる取引の均衡点が決
まりました．限界効用は買い手が最大限支払ってもよいと思う上限の価格であ
る留保価格でした．限界費用は売り手が最低限入手しなければならない最低販
売価格でした．均衡点では，留保価格＝最低販売価格，となっています．しか
し常に情報の対称性が保障されるとは限りません．意図的には合理的であって
も，その合理性には限界があるからです．これを「限定された合理性」と呼び
ます．買い手と売り手が持つ情報に対称性がなければ，限定された合理性の下
で意思決定をすることになります．

　図7-14は留保価格と最低販売価格が一致している状況をみたものです．い
ま，ある商品が1個だけ売買される状況を考えます．買い手の留保価格を100
円とします．100円以下であれば購入しますが，100円以上であれば購入しま
せん．このとき，買い手の需要曲線（実線）はよこ軸の座標（1, 0）からたて
軸に平行に100円まで描かれた部分とたて軸の100円以上の部分で表現でき
ます．売り手の最低販売価格も100円とします．100円以下であれば販売しま
せんが，100円以上であれば販売します．このとき，売り手の供給曲線（破線）
はよこ軸とたて軸の座標（1, 100）からたて軸に平行に描かれた部分とたて軸
の100円以下の部分で表現できます．ちょうど，100円という価格水準で留保
価格と最低販売価格が一致していますので，売買が成立します．

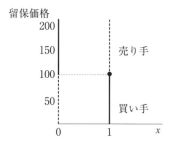

図 7-14　留保価格と最低販売価格との一致

　しかし，売買される商品やサービスの品質，性能などの情報が買い手と売り手との間で十分に共有されないとき（情報の非対称性），価格をめぐる交渉（駆け引き）がおこなわれます．図 7-15 を見てください．買い手の留保価格は 100 円です．100 円までなら購入します．100 円以上であれば，購入しません．

　売り手の最低販売価格は 50 円です．50 円以下なら販売しません，50 円以上であれば，販売します．留保価格と最低販売価格には 50 円の差があります．この 50 円の幅をめぐって交渉がおこなわれます．買い手が上限 100 円まで支払う意思があるので，価格は 100 円に決まりそうですが，品質について情報の非対称性がある市場では，そう簡単には交渉は妥結しません．最終的な価格水準は売り手と買い手の交渉力に依存して決まります．

　スーパーマーケットの商品値札で頻繁に 298 円や 998 円を見かけます．300円，1000 円でなく，わずかに 2 円安価であるだけで，買い手の留保価格は上下することがあります．売り手は常に買い手の留保価格を探しています．売り

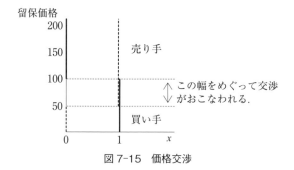

図 7-15　価格交渉

手はこの価格差をうまく使って，買い手の留保価格を探り，買い手が払っても
よいと思う上限に近い価格設定をして，購入意欲を駆り立てています．

　通常，情報の非対称性は売り手に有利に作用します．売り手が財やサービス
に含まれる情報を買い手よりも多く持つのは自然なことです（情報の偏在と呼
びます）．次に，中古の自動車市場における問題を考えます．

（2）　中古自動車の取引

　売り手と買い手の間にある情報の非対称性から生じる問題を考えるため，以
下では中古の自動車市場を考えます．そして情報の非対称性がある場合，品質
の悪い車のみが取引されることを説明します．これは「悪貨は良貨を駆逐す
る」（グレシャムの法則 Gresham's Law）という非効率性が生じる状況です．

　中古車市場にはさまざまな品質の車が売られています．品質の「良い車」も
あれば「悪い車」もあります．「悪い車」はレモンと呼ばれることもあります．
これは粗悪品，欠陥品を意味しています．中古車の売り手（ディーラーとは限
らない個人でもよい）は自分が売る車の品質については十分に知っています．
一方，買い手は目の前にある車が「良い車」なのか「悪い車」なのかは十分に
判別できません．つまり車の品質について，買い手と売り手の間に情報の非対
称性があります．表7-2を見てください．

　いま，中古車市場では「良い車」と「悪い車」の2種類のみが売られている
とします．買い手は売られている車全体に占める「良い車」と「悪い車」の割
合は知っているものとします．この割合を50％ずつだとしましょう．買い手
にとって「良い車」は120万円相当の価値があり，「悪い車」には40万円相当
の価値しかないとします．この価値は留保価格と呼んでもかまいません．もし
買い手が買いたいと思っている車がどちらのタイプに属するのかを正確に判別

表7-2　買い手と売り手の評価額

	良い車	悪い車
買い手	120万円	40万円
売り手	100万円	30万円
台　数	50台	50台

できれば，「良い車」は120万円，「悪い車」は40万円で売買されるでしょう．しかし，ここにいる買い手はこの判別ができません．それぞれ50％の確率で「良い車」と「悪い車」に遭遇します．よって買い手は中古車の価値を120万円と40万円の間に置くでしょう．一般的に買い手がリスクをとることを好めば（リスク愛好的），彼らは120万円に近い価値を中古車に見いだすでしょう．一方，買い手がリスクを避けたい（リスク回避的）という思いが強ければ，彼らは40万円に近い価値を見いだすでしょう．ここでは説明を簡単にするために，買い手はリスク中立的であって，市場に存在するすべての車の価値の平均値を中古車の価値とみなす，と想定します．50％ずつの確率で「良い車」と「悪い車」が混在しているので，買い手は中古車を80万円（＝120万円×0.5＋40万円×0.5）相当の「期待」価値があると考えます．この場合，80万円を上回る価格が中古車に付くことはありません．

　一方，売り手は自分が売ろうと思っている車の価値を知っています．少なくとも100万円の価値はあると考えているとすると，自分の車が80万円以下でしか売れないのであれば，売ることを諦めて，そのまま乗り続けるかもしれません．したがって，市場には「悪い車」のみが出回ることになります．このように市場に「良い車」と「悪い車」が混在していると，「良い車」が市場から締め出され「悪い車」のみが残ることになります．この現象を逆選択（アドバース・セレクション）といいます．グレシャムの法則と同じ現象です．情報に非対称性があるため，買い手は意図的に合理的であろうとしてもその合理性には限界があります．限定された合理性の下で意思決定をするため逆選択が発生してしまいます．

　この限定された合理性という考え方は経営学においてサイモン（Simon, H. A）が指摘したものです．情報や組織の問題をミクロ経済学やゲーム論を用いて分析するときに，すでに活用されています．

（3）情報の非対称性と市場均衡

　以上のことをグラフで説明します．車の売り手はそれぞれ1台の車を持ち，売ります．売り手の数は一定とします．買い手もそれぞれが1台の車を購入し

ます．買い手の数は売り手の数よりもはるかに多いものとします．買い手と売り手は「良い車」と「悪い車」に対して表7-2のような評価をしています．

　最初に，売り手の行動からみます．どの売り手も価格が30万円以下であれば，車を売りに出そうとはしません．「悪い車」の持ち主にとっても，この車の価値は30万円ですが売っても30万円以下しか入手できないからです．価格が30万円以上100万円以下であれば，「悪い車」の持ち主は売ろうとします．しかし「良い車」の持ち主は100万円と評価しているので売りに出しません．つまり，この価格の範囲内では必ず「悪い車」しか供給されません．その台数は50台です．価格が100万円以上であれば，「良い車」も供給されますので，市場への総供給台数は100台になります．車の総供給台数と価格との関係は，

　　　　30万円＜価格 → 供給台数はゼロ

　　　　30万円≦価格＜100万円 → 供給台数は50台（「悪い車」のみ）

　　　　価格≧100万円→供給台数は100台（「悪い車」と「良い車」）

となります．これをグラフにしたものが図7-16です．

　次に買い手の行動をみます．買い手は「良い車」と「悪い車」を確実に判別できませんので，目の前にある車の価値を「期待値」で評価します．この期待値が価格を上回れば購入し，下回

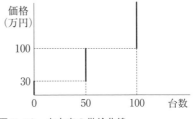

図7-16　中古車の供給曲線

れば購入しません．等しいときは購入します．価格が100万円以上なら「良い車」も「悪い車」も供給され，その確率は2分の1（＝50%）です．よって価値の期待値は，先ほどと同じように80万円です．車の期待価値（80万円）は価格（100万円）よりも小さいので買い手は車を購入しません．つまり価格が100万円以上ならば（価格≧100万円），需要はゼロです．価格が30万円以上100万円以下なら（30万円≦価格＜100万円），「悪い車」しか売られていないので，買い手にとっての価値は40万円です．価格が40万円を上回ると需要はゼロです．価格が40万円以下であれば，「悪い車」を購入する可能性がありま

す．このような場合，価格が少しでも40万円を下回ると需要は大きくなるので，需要曲線は40万円で総需要の大きさまでの水平な直線となります．価格が40万円以上であれば，需要はゼロなので需要曲線は図7-17のようになります．

図7-18は供給曲線と需要曲線を重ねたものです．均衡は点 E で達成されます．価格40万円で50台の「悪い車」のみが供給されます．表7-2に示したように，買い手は売り手よりも「良い車」を高く評価しているので供給されれば買うはずです．つまり取引がおこなわれ売り手も買い手も利潤や効用を得たはずです．しかし「良い車」は供給されません．その理由は，買い手が売られている車の品質について十分な情報を持っていないので「良い車」と「悪い車」を判別できないからです．

情報の完全性や商品の同質性という条件が充たされる競争市場では取引がおこなわれる結果，売り手も買い手もそれぞれ利潤と効用を最大化できました．しかし，情報の非対称性がある市場ではこうした効率的な資源配分はできないのです．

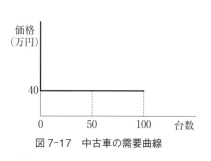

図7-17　中古車の需要曲線

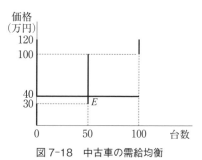

図7-18　中古車の需給均衡

第 **8** 章

政府の失敗

　市場が資源配分に失敗するとき，それを補正する役割を政府がします．政府は強制力をもってこの役割を果たします．しかし，政府は全知全能ではないので，政府も資源配分に失敗することがあります．ここでいう「政府の失敗」とは，経済政策に失敗するという意味ではなく，政府部内での効率的な資源配分に失敗するということです．意思決定にともなう資源配分上の失敗です．政府が失敗するのであれば，その状況は，政府が関与しなかった場合よりもより悪化してしまうかもしれません．そこで政府の行動を分析することが必要になります．この学問分野は政治の経済分析，あるいは公共選択論と呼ばれています．これは経済学の分析手法を用いて，政治の現象を分析することです．政策決定過程へ関与する，主に有権者（国民），政治家（政党），官僚と利益集団の行動を分析します．分析方法の特徴は次のとおりです．

　①分析の基本単位は個人である．すべての政治現象を個人にまで還元する．

　②個人は利己的かつ合理的に行動する．

　③政治過程における意思決定は市場におけるそれと同じ論理で説明される．

　つまり，ミクロ経済学を政治現象の分析に応用するわけです．

　ここでは，これまで学習してきた経済学の概念が利用できる官僚と利益集団に関わる資源配分上の失敗を説明します．

1. 官僚とは誰か

　日本における官僚とは，通常，中央省庁（法務省，財務省，経済産業省など）の一定以上の地位にある国家公務員を指します．本省課長クラスより上の審議官，局長，事務次官などです．主な仕事は，法令によって与えられた許認可などの権限を背景として行政指導をすることでした．今日では，具体的な法令を適用して権限を行使する側面が強くなっています．特に，法案，予算，人事に関わる企画・立案をする役割をしています．

　このうち予算についてみると，予算は単年度予算主義（4月1日から翌年3月31日までに執行する）で内閣が予算案を作成し，国会の議決を経て承認されます．毎年，各省庁の概算（予算）要求が財務省主計局へ出されます．主計局では国の政策に適合し，なおかつ各省庁間でバランスが保たれるよう予算査定をおこないます．この段階で減額や増額がおこなわれることがあります．各省庁の官僚は主計局と折衝し，要求どおりの予算を確保しようとします．ここで有能な官僚とは，財務省主計局より多額の予算を自分の組織に認めさせる交渉能力を持っている人です．日本の官僚システムは予算査定と予算獲得という予算中心主義で動いてきました．この予算中心主義は財務省主計局を頂点とする官僚システム全体の権威を高め，官僚が日本の経済社会を統治する上で重要な機能を果たしてきました．と同時に，国の予算規模をいたずらに拡大してきた側面もあります．

　官僚は国家公務員です．大学を卒業してから長年，予算関連の仕事に専念し，多くの情報を持っています．一方，予算を承認する国会議員たちは，選挙に当選しなければ，ただの庶民です．必要とする予算が適切な金額であるかどうかを判断する情報を十分に持っているとは言えません．そのため予算をめぐり官僚と議会（員）との間には情報の非対称性があります．どんな情報にも言えることですが，何か交渉をするとき多くの情報を持つ者がそうでない者よりも有利です．次に官僚がこの情報の非対称性を有利に利用するとき，国家予算が膨張しがちになることを説明します．

2. 官僚制の浪費

　ここで説明する内容はニスカネン・モデル（*Niskanen's model*）と呼ばれています．このモデルの前提は4つあります．

①　官僚は独自な効用関数を持ち，効用を最大化する行動をとります．効用関数の中には，俸給，権限の拡大，名声，民間に対して寄与したいという意識，転職や天下りをする雇用機会などさまざまです．こうしたことはすべて自分が国から獲得する予算規模の増加関数です．増加関数とは，獲得する予算規模が大きくなるほど，効用も高くなるということです．

②　よって官僚の行動目的は獲得する予算を最大化することになります．

③　議会は国民の投票によって選ばれた議員で構成されますので，議会の目的は社会的余剰（便益）を最大化することです．

④　官僚は公共財の供給に関する情報を独占して持っています．つまり議会との間で情報の非対称性があります．

　図8-1において，たて軸は予算，費用，便益をとり，よこ軸は公共財の量をとっています．*CH*は議会の社会的限界便益曲線です．需要曲線と同じ意味です．面積*OCH*は公共財が*H*まで供給されるときの総便益です．*AG*は公共財を供給するための社会的限界費用曲線です．供給曲線と同じ意味です．*AG*線

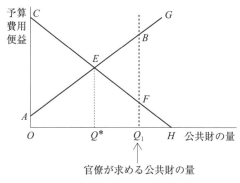

図 8-1　官僚制の均衡点

の下側の面積は総費用＝総予算額になります．Q_1 を官僚が要求する公共財の
量とします．

（1）情報の対称性

公共財の供給量について，議会と官僚との間に情報の対称性がある場合を
考えます．これは，議会は公共財を供給するときに必要となる費用を知ってい
る，つまり AG 線の形状を知っているということです．そこで，供給量は線分
CH と線分 AG との交点 E に対応する Q^* に決まります．これが社会的に望ま
しい公共財の供給量です．

社会的余剰は

$$\triangle ACE(=OCEQ^* - OAEQ^*)$$

となります．

（2）情報の非対称性

しかし前提より，官僚が情報を独占しているので，議会は AG 線の形状を正
確に知ることができません．公共財を供給する費用がどの程度必要になるのか
を知らないということです．したがって，望ましい点 E を特定できません．

そこで議会は知り得た情報をもとに，

総便益＞予算額

となる限り，予算を承認するという受動的な行動を取らざるをえません．この
とき官僚は持っている情報をうまく利用して，

総便益$(OCFQ_1)$＝予算額$(=$総費用：$OABQ_1)$

となる Q_1 量の公共財を提示し，議会より最大の予算を獲得します．この Q_1
という量は明らかに社会的に望ましい水準 Q^* を上回っています．余分な予算
額は Q^*EBQ_1 です．こうして官僚は予算でみた政府規模の拡大を助長するこ
とになります．余分な予算で無駄な公共財が供給されることになっているので

資源配分は非効率になってしまいます.

（3）計算例

　具体的に計算をしてみましょう．いま，公共財の社会的限界便益曲線（D）と社会的限界費用曲線（S）を，次の 1 次関数で表現します．

$$D = -2P + 800$$

$$S = 2P$$

　図 8-2 は，この関数をグラフにしたものです．官僚が求める公共財の量を 500 とします．情報に対称性があるときの最適な公共財の供給量は $Q^* = 400$ です．この量を供給するのに必要な予算は $\triangle OEQ^*$ の面積です．面積は（200 × 400）÷ 2 = 40000 となります．社会的余剰は $\triangle OCE$ の面積です．面積は（400 × 400）÷ 2 = 80000 です．次に，情報に非対称性がある場合をみます．官僚が 500 の公共財を要求するときの予算は $\triangle OBQ_1$ の面積です．面積は（250 × 500）÷ 2 = 62500 です．情報に対称性があるときと比べると，面積 BEQ^*Q_1 が余分な予算支出になっています．計算すると，22500（= 62500 − 40000）となり，この余分な予算が国家予算を膨張させることになります．

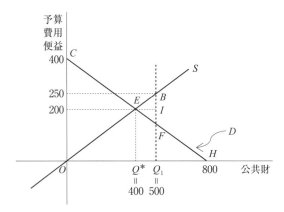

図 8-2　計算例：官僚制

3. 利 益 集 団

　利益集団とは，同じ産業内にいる企業が自分たちに有利な政策を立案・実行してもらうよう政治家，政党や官僚に影響を与えることを目的として作った集団のことです．圧力団体とか利益団体とも呼ばれます．政党とは異なり，政権をとることが目的ではありません．政党の支持母体になることはあります．こうした団体として，経団連（日本経済団体連合会）があります．実は，日本の社会というのはあらゆる組織に，この集団があります．医者の利益集団は日本医師会，大学生協の利益集団は全国大学生活共同組合連合会です．○○団体，○○協会，○○協議会という名称の付いている集団はほぼこの利益集団と考えてもよいくらいです．町内会も地方政府に影響を与える利益集団です．宗教法人の団体も含まれます．

　具体的な活動形態は政治家や政党への政治献金，陳情（ロビング），各種メディアを通じた公告キャンペーンなどがあります．日本的な特徴として，利益集団が国会議員を通して官僚に働きかけることがあるようです．しばしば政治献金の違法性が問われ，国会議員が辞職をしていることもあります．ここでは利益集団によるレント・シーキングの浪費性を考えます．レント・シーキングとは政府規制（関税，許認可など）によって生まれた独占的利潤（レント）を獲得するための活動です．生産活動へは投入されない資源の浪費です．企業がおこなう利潤を最大化する行動は費用をかけて社会的に有用な財やサービスを生産することなので，プロフィット・シーキングと呼んで区別しています．ここでは国内にある産業の利益集団が関税の導入を政府に求めるレント・シーキングを説明します．なお，関税の経済効果については，後の章でより詳しく説明します．

　関税とは，例えば外国から国内に輸入される財やサービスの価格（100 円）に税金をかけることです．価格にかけるので従価税といいます．関税を 5%だとすると，国内での販売価格は 105 円［＝ 100 ＋（0.05 × 100）］となります．当然，輸入品は国内商品との競争上，不利になります．輸入されるものが国内商

品と同じか類似したものであれば，国内の消費者は安価な国内品を購入するからです．この関税によって国内の生産企業は守られます．競争を回避できるわけですから，国内の生産企業は独占的に行動できることがあります．外国からの競争が排除できると，105円以上の価格で販売を始める可能性もあります．

このように外国からの競争を排除し，独占的に行動できるので，利益集団は政府へ積極的に陳情し，関税を設定させるよう圧力をかけるわけです．この目的を達成するために政治献金をすることも考えられます．この圧力行動は生産活動へは投入されませんので，技術革新など生産費用を削減する活動ではありません．国内の消費者にとっても価格が下がるという企業間競争によるメリットを受けられません．こうしたことを図8-3に沿って説明します．

図8-3において，P_1（100円）はある財の自由貿易をするときの国際競争価格水準です．どこの国の消費者も購入できる同一の価格水準です．すでに学習した競争市場における均衡点（価格＝限界費用）はE_1です．国内の消費者余剰は△BE_1P_1です．

P_2は関税が導入された後の輸入品の国内での価格水準です．価格水準は国内品よりも高いので販売量が増えず，外国製品は撤退するかもしれません．撤退しますと競争相手がいなくなるので，国内の生産企業は関税に守られ，あたかも独占企業のごとく行動できます．均衡点E_2は独占均衡（限界収入＝限界費用）となっています．四角形$AE_2P_1P_2$は独占利潤です．関税の設定によって生まれたレントです．この人為的に作られたレントを求めて陳情をするわけで

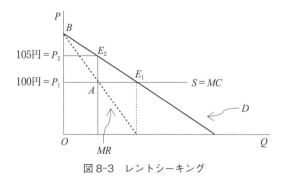

図8-3　レントシーキング

す.

　△AE_1E_2 はデッド・ウエイト・ロスです．関税の設定によって国内の消費者が失った便益（余剰）です．国内の消費者余剰は△BE_2P_2 となります．関税の設定によって独占利潤を入手できる限り，国内の該当する利益集団は政治家や政党に対して陳情活動をします．こうした生産的でない活動が競争的におこなわれれば，入手できるはずの独占的利潤をも費消してしまうことがあります．このとき面積 $E_1E_2P_1P_2$ が失われることになり，陳情の社会的浪費は大きな規模になってしまいます．ここでも資源配分は非効率になってしまいます．

　最後に，この章の内容と関係するトピックを紹介しておきます．最初に，防衛省から軍需企業が受ける受注（契約）額と官僚の天下りについてみます．三菱重工業は 1 兆 7308 億円（天下り再就職者数 70 人），三菱電機は 7690 億円（64 人），川崎重工業は 7538 億円（33 人）となっています（『朝日新聞』2012年 9 月 14 日）．数値は 2006 年度から 2011 年度の合計ですが，多額の受注額と天下り数との間には何か深い関係がありそうです．また三菱重工業は，2006年度には 2776 億円の受注をうけ，自民党へ 3000 万円の政治献金をしていました．

　次に，利益集団をみます．この著書を改訂する前（2019 年 10 月 1 日）に，消費税率の引き上げがおこなわれました．これにともなって，自動車の販売量が減少することを心配していた利益集団（事業者団体）の日本自動車工業会は車の購入時にかかる自動車取得税と保有しているとかかる自動車重量税の 2 税を消費増税までに廃止する要望を政府や与野党に提出しました．その結果，取得税は廃止されました．こうした要望もレントシーキングの手段です．これらの税が廃止（減税）され，販売量が増えると利潤をえます．

第 9 章

課税の効果

　競争市場において，労働サービスの質の高い人がより高い所得を獲得することは自然なことです．しかし，獲得する所得の差があまりにも大きくなると，社会不安を引き起こしがちです．そこで，政府はいろいろな課税政策や社会保障政策を通じて，所得分配の平等化を達成しようとしています．しかし自由な競争市場への政府の介入は弊害を生じさせます．また，どんな税金が導入されても消費者の可処分所得は減少します．ここでは余剰概念を使って，課税がもたらす超過負担（厚生の損失）について考えます．

　この章では財やサービスに対する従価税と従量税をとりあげ，こうした課税の効果を考えます．従価税とは，課税対象商品の販売価格に対して一定の割合で課税する方式です．この典型例が（一般）消費税です．現在，生活必需品は8％，それ以外は10％が課税されています．消費税の前身である物品税（個別消費税）も従価税です．1個100円の生活必需品の課税込み支払い価格は108円[＝100(1＋0.08)]となります．

　従量税とは，課税対象商品の重量や体積を単位として課税する方式です．酒税は各種の酒に対して1リットル当たりの税金が課税されています．1リットル100円のお酒に1リットル10円の従量税を課税すると，課税込み支払い価格は110円（＝100＋10）となります．タバコ税も各種のタバコに対して1000本当たりいくらという税率が適用されています．

　課税の効果については，その納税義務者が消費者なのか生産者，あるいは販売者なのかによって違ってきます．これを「課税の帰着問題」と呼んでいます．ここでは納税義務者は生産者，あるいは販売者とします．担税者である消

費者は店頭で税込み価格を支払いますが，実際に税務署へ納税するのは生産者や販売者です．この納税がおこなわれず，生産者や販売者の懐にしまわれることを益税と呼んでいます．

1. 従価税の効果

ここでは消費税を想定します．図9-1において，*D* は需要曲線です．納税義務者は生産者あるいは販売者ですので，課税によっても *D* の形状は変化しないものとします．S_1 は課税される前の供給曲線です．S_2 は課税された後の供給曲線です．いま，これらの関係を1次関数の一般形で表現します．税金は英語で tax と表現されますので，頭文字の *t* を消費税率とします．

課税前の供給曲線：S_1，均衡点は点 *E* です．

$$P = \alpha + \beta Q \quad \cdots\cdots\cdots ①$$

課税後の供給曲線：S_2，均衡点は点 *F* です．

$$P = \alpha(1+t) + \beta(1+t)Q \quad \cdots\cdots\cdots ②$$

ここで注意してください．α は1次関数のたて軸切片，β は傾きです．*P* は価格ですが，これは具体的に100円を意味します．よって $t = 0.08(=8\%)$ であれば，②式のように価格の数式（①式）全体に $(1+t)$ を掛け算することになります．

課税の前後における余剰を比較します．

	課税前	課税後
消費者余剰：	AEP^*	AFP^{**}
生産者余剰：	CEP^*	BCG
社会的余剰：	ACE	$(AFP^{**})+(BCG)$

ここでも注意してください．課税後の生産者余剰は面積 *BCG* となります．納税義務者は生産者です．生産者にとって利益となる価格は幅 $O-B$（あるいは幅 $G-Q^{**}$）です．なぜなら販売価格は P^{**} でも幅 $P^{**}-B$ は納税しなけれ

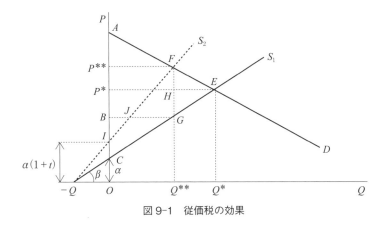

図 9-1 従価税の効果

ばならない財やサービス 1 単位の価格になっているからです.

　四角形 $P^{**}FGB$ は政府が受け取る税収額です. このうち $P^{**}FEP^*$ は消費者
が負担し, P^*EGB は生産者が負担します. 税負担は消費者と生産者の両者に
転嫁されています. 税収は公共財の供給に利用されますので, 総余剰を構成す
ると考えられます. 結局, 課税前に比べて,

　　　消費者余剰△EFH

　　　生産者余剰△EGH

　　　合　　　計△EFG

だけの余剰が失われたことになります. この面積△EFG を課税によって失わ
れた厚生の損失, つまり超過負担と呼んでいます.

2.　従量税の効果

　この場合も納税義務者は生産者です. 課税によっても需要曲線の形状は変化
しません. 図 9-2 のように, 従量税を課税すると供給曲線は上方へ平行移動し
ます. 課税金額を *Tax* とします.

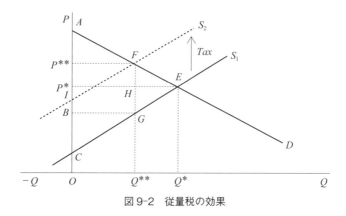

図9-2　従量税の効果

課税前の供給曲線：S_1，均衡点は点 E です．

$$P = \alpha + \beta Q \quad \cdots\cdots\cdots ①$$

課税後の供給曲線：S_2，均衡点は点 F です．

$$P = \alpha + \beta Q + Tax \quad \cdots\cdots\cdots ②$$

課税金額を①式に加算することによって，課税後の均衡点が求まります．余剰の説明は従価税と同じです．ここでも面積△EFG だけの超過負担が発生します．

3.　課税効果の計算

ここでは例題として，具体的に課税の効果を計算します．

（例題｜従量税）

ある商品の需要量と供給量が，次の1次関数で与えられるとき，政府は従量税を課して，税収50を確保する計画を立てています．納税者は生産者とします．

$$需要曲線，Q = 100 - P \quad \cdots\cdots\cdots ①$$
$$供給曲線，Q = P - 80 \quad \cdots\cdots\cdots ②$$

次の5つの問題を考えます.

(問1) グラフのたて軸に価格 P, よこ軸に数量 Q をとって, 課税前の需要曲線と供給曲線を正確に描きなさい. 正確にとは, たて軸切片, よこ軸切片を加筆することです. また均衡価格と均衡数量も加筆しなさい.

(問2) 税収50を確保するのに必要な商品1個あたりの従量税はいくらに設定すればよいか, を計算しなさい.

(問3) 課税後の供給曲線, 均衡価格と均衡数量も加筆しなさい.

(問4) 課税の前後における消費者余剰, 生産者余剰と社会的余剰を計算しなさい.

(問5) 超過負担を計算しなさい.

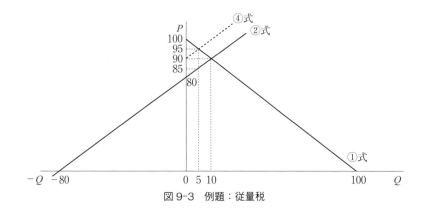

図 9-3　例題：従量税

図9-3はすでに, グラフを完成させたものです. ただちに余剰, 税額等が計算できますが, ここでは問題にそって説明します. 問1より①式と②式を作図します. たて軸に価格 P, よこ軸に数量 Q をとりますので, 価格を左辺へ移項してください. ①式のたて軸, よこ軸の切片は100です. ②式もそれぞれ80と−80です. 課税前の均衡点は①式と②式からなる連立方程式を解けばよいので価格90と数量10が求まります. 問2は税収50を確保するときの商品1個あたりの税額を決めることです. これは課税後の供給曲線の式を求めることです. 従量税は供給曲線を平行に上方へ移動させます. 従量税を *Tax* と表現します. ②式に, *Tax* を加算したものが求める供給曲線です.

$Q = P - 80$　より $P = Q + 80 + Tax$　　………③

　①式と③式を連立方程式として，課税後の均衡数量 Q^{**} を求めます．

$$100 - Q = Q + 80 + Tax$$

より，

$$Q = 10 - \frac{Tax}{2}$$

となります．これが図 9-2 の中の Q^{**} となります．税収を TR と表現すると，

$$TR = (よこ \times たて) = \left(10 - \frac{Tax}{2}\right) \times Tax = 50$$

より，$TR = (Tax - 10)^2$ となり，$Tax = 10$ となります．つまり，課税後の供給曲線③式は

$$P = Q + 80 + Tax = Q + 90 \quad ………④$$

となります．問3は①式と④式を連立方程式として解くことです．均衡価格 95，均衡数量5が求まります．なお，④式のグラフは，たて軸切片90，よこ軸切片 −90 です．問4は作図によって加筆した，たて軸，よこ軸の切片の数値を使って計算します．

	課税前	課税後
消費者余剰	$[(100 - 90) \times 10] \times \frac{1}{2} = 50$	$[(100 - 95) \times 5] \times \frac{1}{2} = 12.5$
生産者余剰	$[(90 - 80) \times 10] \times \frac{1}{2} = 50$	$[(85 - 80) \times 5] \times \frac{1}{2} = 12.5$
社会的余剰	$50 + 50 = 100$	$12.5 + 12.5 = 25$

　問5の超過負担は $[(95 - 85) \times (10 - 5)] \times \frac{1}{2} = 25$ となります．税収 TR は 50 $[= (95 - 85) \times 5]$ ですから，課税後の社会的余剰＋超過負担＋税収は課税前の社会的余剰 100 に等しくなっています．

例題 従価税

　需要曲線と供給曲線は，従量税の場合と同じとします．納税義務者も生産者
とします．政府は10%の従価税を課します．

需要曲線, $Q=100-P$　………①
供給曲線, $Q=P-80$　………②

　次の4つの問題を考えます．

問1 グラフのなかに課税後の供給曲線, 均衡価格と均衡数量を加筆しなさい．
問2 売り手の利潤となる価格はいくらになるか，を計算しなさい．
問3 税収はいくらになるか，を計算しなさい．
問4 超過負担を計算しなさい．

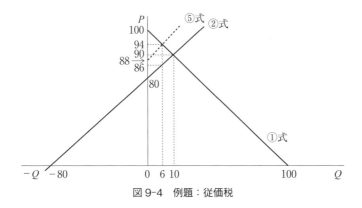

図 9-4　例題：従価税

　図 9-4 はすでに，グラフを完成させたものです．問1より，まず課税後の
供給関数を求めます．10%($=0.1$) 課税された後の価格は，$P=(1+0.1)\times$②式
より，

$P=88+(1.1)Q$　………⑤

となります．⑤式は，よこ軸切片が-80からスタートして，たて軸切片88を
通る右上がりの直線です．この⑤式と①式からなる連立方程式を数量について
解くと（小数第一位を四捨五入します），均衡数量6，これを①式に代入して

均衡価格94が求まります．つまり，課税後は均衡価格94，均衡数量6となります．生産者は1個94という価格で6個販売します．この数量6を②式に代入すると，問2の答えになります．売り手の利潤となる販売価格は86です．売り手は94で販売していますが，納税しますので，利潤となる価格は86です．このとき問3の政府に納める納税額（＝政府の税収額）は48[＝(94−86)×6]です．問4の超過負担は16{＝[(94−86)×(10−6)]÷2}となります．なお，同じ方法で⑤式と①式からなる連立方程式を価格について解くこともできます．自分で解いてみてください．

（例題）税率規模の決定

　ここでは政府が必要とする税収が事前に分かっているとき，税率をいくらに設定すればよいか，を考えます．具体的に，政府が消費税収80を確保する計画を立てるとき消費税率（t）は何%に設定すればよいのか，を考えます．需要曲線と供給曲線を以下のように定義します．ここでは計算を簡単にするため，供給曲線は原点から右上がりになると想定します．

$$需要曲線 \quad P = -\frac{2}{5}Q + 24$$

$$供給曲線 \quad P = \frac{1}{5}Q$$

　消費税の納税義務者は生産者なので，消費税が課税されると，供給曲線は$(1+t)$だけ傾きが大きくなります．

$$P = (1+t)\frac{1}{5}Q$$

　課税後の需給均衡点は，

$$-\frac{2}{5}Q + 24 = (1+t)\frac{1}{5}Q$$

より，

$$Q^* = \frac{120}{3+t}$$

となり，これが課税後の均衡数量です．

　確保したい税収を T とすると，

$$T = Q^* \times t = \left(\frac{120}{3+t} \right) \cdot t = 80$$

となり，この式を t について解くと，

$$t = 6$$

となります．確保すべき税収が $T = 60$ であれば $t = 3$，$T = 100$ であれば $t = 15$ となり，税収と税率は比例関係にあることが分かります．

　第 8 章の最後で記したように，消費税率は 2019 年 10 月 1 日に 8% から 10% へ引き上げられました．この引き上げによって，消費税収は約 13 兆円増えるという試算も出されています．

　消費税率の引き上げについては，さまざまな意見があります．国全体の需要を減らしてしまう．つまり景気に悪影響を与える．収入の低い人や年金生活者などの負担感が強まる「逆進性」の問題がある．こうしたことから，すべての財やサービスに一律の税率を適用するのではなく，生活必需品などの税率を低くする「軽減税率（複数税率：8%）」も導入されました．なお，消費税は消費とはみなせない財・サービス（切手，授業料など）には課税されていません．

第 **10** 章

価 格 規 制

　経済主体としての政府は「市場の失敗」を補正するために法（ルール）や制度でもって強制的に市場へ介入することがあります．この章では，政府が自由な価格競争のおこなわれている市場へ直接介入する政策として価格規制をとりあげ，この規制が社会的便益に与える効果を考えます．ここでも余剰概念を使います．なお，価格規制は価格支持政策と呼ばれることもあります．

　例えば，価格規制として労働市場における最低賃金制度があります．企業が支払うべき下限の賃金率を政府が決めることです．この制度の主たる目的は労働者が不当に低い賃金率で働かされることがないようにすることです．労働サービスを売買する市場なので，価格は賃金率，数量は労働サービス，サービスの供給者は労働者，その需要者は企業です．他の価格規制として，家賃統制，お米の二重価格制度，タクシー料金，バス・鉄道運賃，ガス・水道・電気料金などがあります．このうち，この章では家賃統制とお米の二重価格制度について説明します．

1. 家 賃 統 制

　借家人や所得の低い人たちが家を借りやすくする政策として政府が家賃統制をおこなうことがあります．政府は家賃を住宅の賃貸市場における均衡家賃よりも低い水準に設定するよう強制します．ここではこうした強制に従っても住宅の貸し手（家主）は政府から何も補助は受けないものとします．

　図10-1において，家賃統制がおこなわれない場合の貸（借）家の均衡需給

量は点 E となります．点 E では，家賃の変動を通じて借家から得られる限界効用（需要曲線の横軸からの高さ）と借家を供給するための限界費用（供給曲線の横軸からの高さ）とが一致しています．限界効用＝均衡家賃＝限界費用．消費者余剰△AEP^*，生産者余剰△BEP^*と両者を合計した社会的余剰は△ABEとなります．

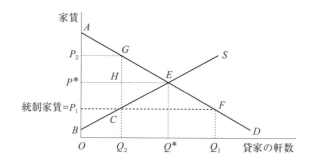

余剰の規模	家賃統制が	
	ない	ある
借家人	△AEP^*	AP_1CG
家主	△BEP^*	△BCP_1
社会	△ABE	$ABCG$

図 10-1　家賃統制と余剰

　次に家賃の上限を P^* よりも低い，P_1 に設定するよう家賃統制がおこなわれるとします．この価格水準での借家需要量は Q_1 です．借家の供給量は Q_2 となります．Q_1 と Q_2 の幅は借家への超過需要量です．借家の持ち主は政府から何ら補助を受けませんので，供給量を点 F まで増やす手段はありません．この超過需要量は切り捨てられてしまいます．政府ができることは，借手を所得制限によるか，くじ引きや抽選によって選別することです．このように自由な市場価格の変動を通じるのではなく，強制的に資源配分をすることを「割り当て」といいます．

　家賃統制のある場合，消費者余剰は台形 AP_1CG となります．借家人の余剰は $P^*P_1CH - EGH$ だけ増えます．一方，家主の余剰は△BCP_1 です．家賃統制

によって，$P^*P_1CH + CEH$ だけ減ります．両者を合計した社会的余剰は $ABCG$ となります．家賃統制のない場合と比べると，$\triangle CEG(EGH + CEH)$ だけ減ってしまいます．この三角形の面積は家賃統制にともなう超過負担です．これは借家の供給量が Q_2 に抑制されたことによります．超過負担が発生する理由は，競争市場の均衡条件である，限界効用＝価格＝限界費用，が充たされず借り手の効用と家主の利益が失われるからです．事実，Q_2 量では，限界効用（よこ軸からの需要曲線の高さ）が限界費用（よこ軸からの供給曲線の高さ）を上回っているので，供給量を増やせば，社会の便益も増加します．

結局，借家人や所得の低い人たちが家を借りやすくするという政策目的を持つ家賃統制は資源配分を非効率にしてしまっています．借家人の余剰は常に増加するとは限りません．また，貸家の供給が減ってしまいます．さらに，この政策はすでに借家人である人には家賃が強制的に引き下げられるという恩恵がありますが，これから借りようとしている人たちは「割り当て」というハードルがあり，必ずしも恩恵に浴するとは限りません．また，政府から何らかの補助がされない限り，貸家の供給を増やすというインセンティブも作用しません．

2. 米の二重価格制度

政府による価格規制には課税と同じような効果があります．ここでは，お米の値段（米価）に関する二重価格を考えます．ここでも余剰概念を使います．

わが国では，かつて食料の安定的な確保を目的とする食糧管理制度のもとで，政府が農家からお米を買い（政府米），それを卸売り業者へ売り渡していました．売買価格を中心として米や麦などの穀物の生産・流通・小売までを政府が管理していました．

二重価格とは政府が農家から買い入れる「政府買入価格（生産者価格）」と政府が卸売業者に売り渡す「政府売渡価格（消費者価格）」のことです．問題は売渡価格が買入価格よりも低い，いわゆる逆ザヤの規模が大きくなり国家財政を圧迫したことです．現行の食糧法に基づく食糧制度では，農家は自由に米などを販売できるよう流通の自由化が進んでいます．政府は備蓄のための

米など一定の範囲内で政府米を管理しています．食糧庁「米価に関する資料」（ホーム・ページより）をみると，昭和40年代から昭和61年頃まで，逆ザヤの規模は大きくなりました．例えば，昭和50年度，玄米60kg当たりの①政府買入価格は15570円，②政府売渡価格は12205円，③政府管理経費は2399円，コスト逆ザヤ［②－（①＋③）］は－5764円，逆ザヤ比率は－47.2%（＝5764÷12205），売買差価格は3365円，価格差比率は27.6%（＝3365÷12205）となっていました．

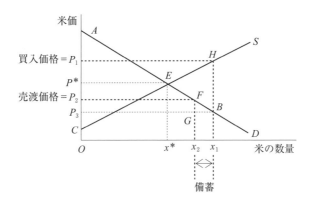

		余剰の規模		
	消費者	生産者	社会	超過負担
自由競争	△AEP*	△CEP*	△ACE	なし
価格規制	△AFP₂	△CHP₁	(△AFP₂ + △CHP₁) − x₂x₁HP₁P₂F	BHEFx₂x₁

図 10-2　二重価格制と余剰

　ここでは政府が価格規制をすると，超過負担が発生し，資源配分を非効率にしてしまうことを説明します．図10-2の P^* はお米が自由に売買されているときの均衡価格です．均衡数量は x^* です．消費者余剰，生産者余剰，これらを加算した社会的余剰は△ACEとなります．超過負担は発生しません．

　次に，政府が二重価格制度を導入した後の余剰をみます．上で紹介した数値を使うと価格 P_1 は政府買入価格（生産者価格）15570円，P_2 は政府売渡価格

（消費者価格）12205 円です．売買差価格は 3365 円です．買入価格 P_1 に対応する農家の生産量は供給曲線と交わる H 点において x_1 となります．自由に売買されるときよりも多くの量の米が生産されます（$x_1 > x^*$）．

生産量 x_1 を政府が買い取るときの金額（政府の支出）は面積 Ox_1HP_1 となります．これは農家の収入になります．この買い取った数量を政府は卸売業者・小売業者を通じて消費者に売ります．そのときの価格が P_2 です．この価格に対応する消費者の購入量は需要曲線と交わる F 点において x_2 となります．消費者が政府に支払う金額（政府の収入）は面積 Ox_2FP_2 です．

政府の支出 Ox_1HP_1 は政府の収入 Ox_2FP_2 を上回ります．政府は赤字を被ります．赤字は面積 $x_2x_1HP_1P_2F$ となります．この赤字に管理経費を加えた金額が，上で紹介したコスト逆ザヤ ［②－（①＋③）＝－5764 円］ です．

数量でみた x_1 と x_2 の差は売れ残っているわけですから備蓄米です．この数量が大きくなると管理経費が膨らんでしまいます．備蓄米をゼロにするには売渡価格を P_3 に設定することですが，そうすれば逆ザヤがさらに大きくなってしまいます．

二重価格制度が導入されると，消費者余剰は $\triangle AFP_2$，生産者余剰は $\triangle CHP_1$ となります．しかし，政府は赤字 $x_2x_1HP_1P_2F$ を抱えています．この赤字はマイナスの余剰です．赤字を削減するには，国民の納税に頼る必要があります．納税に頼らない限り，社会的余剰は消費者余剰と生産者余剰の合計（$\triangle AFP_2 + \triangle CHP_1$）から赤字部分（$x_2x_1HP_1P_2F$）を差し引いた規模（$BHEFx_2x_1$）となります．この規模は自由競争時における社会的余剰 $\triangle ACE$ と比べて，超過負担となっています．買入価格が高くなるほど，備蓄米の数量が大きくなるほど，超過負担も大きくなります．

超過負担が発生する理由は，競争市場の均衡条件である，限界効用＝価格＝限界費用，が充たされず消費者の効用と農家の収入が失われるからです．さらに需要と供給が一致しないこともあります．価格を P_3 に設定し，備蓄米をゼロにすれば，超過負担は $\triangle BEH$ になり，$\triangle BFG$ はなくなります．この超過負担 $\triangle BFG$ は需給の不一致によって生じた部分です．

こうしたことから政府が自由な競争市場へ政策的に介入することは，とても

大きな損失を発生させていることがわかります．事実，こうしたことが問題となり，規制緩和の流れの中で，お米は自由な競争市場で取引されるようになりました．

米価とは逆の関係になりますが，輸入小麦については政府の「売渡価格」が「買入価格」を上回っています．政府は外国から安く買った小麦を 1kg 当たり 17 円上乗せして高く売っています（『朝日新聞』2011 年 2 月 24 日）．

3. 財・サービスの性格と価格規制

価格規制が社会的便益や超過負担の規模に与える効果は財やサービスの性格にも依存します．ここでは生活必需品と贅沢品に分けて考えます．生活必需品は多少価格が上昇してもその購入量を大幅に減らすことはできません．需要の価格弾力性でいうと，この値は小さくなります．贅沢品は購入頻度も少なく，その購入量も価格や所得に依存しがちです．需要の価格弾力性でいうと，この値は大きくなります．

もちろん社会的便益や超過負担の規模は供給曲線の傾き（供給の価格弾力性）にも依存しますが，ここでは生活必需品と贅沢品を生産する費用は同じとみなし，供給曲線は共通とします．図 10-3 は，このときの生活必需品と贅沢品の市場均衡を表現したものです．価格規制がないときの価格は P^* です．超

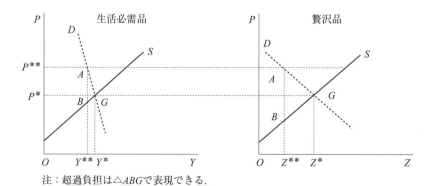

注：超過負担は△ABGで表現できる．

図 10-3 財・サービスの性質と価格規制

過負担は発生しません．いま，お米の政府買入価格のように，取引価格が P^{**} に設定されたとします．生活必需品と贅沢品との超過負担を比べると，明らかに生活必需品の負担が小さくなっています．つまり，需要の価格弾力性が小さい場合には，価格規制による超過負担も小さくなります．一方，贅沢品のように需要の価格弾力性が大きい場合には，超過負担は大きくなります．同じことですが，需要曲線と供給曲線の交点でみると，需要曲線の傾きが供給曲線のそれよりも大きいと，超過負担は小さくなります．一方，供給曲線の傾きが需要曲線のそれを上回ると，超過負担は大きくなります．

4. 価格規制の問題点

政府が自由な競争市場へ介入し，価格を規制することの問題点を考えます．
① 自由な競争市場では市場価格の変動を通じて，買い手の限界効用と売り手の限界費用が一致し，効率的な資源配分が達成されました．しかし，政府が人為的に価格を調整すると，価格が買い手と売り手の望ましい意思決定を反映したものにならず，効率的な資源配分ができません．
② 価格規制はあらゆる買い手と売り手に一律に適用されることがあります．例えば，家賃統制や米の二重価格では，規制される側を所得によって選別していません．そのため規制の便益がより豊かな主体にも及ぶことがあります．これは価格規制にともなう垂直的非効率性と呼ばれています．
③ 米の二重価格にみられるように，政府が特定の財やサービスを価格支持すると，こうした財・サービスを購入する頻度が少ない買い手は恩恵に浴しません．これは価格規制にともなう水平的非効率性と呼ばれています．
④ 垂直的非効率性や水平的非効率性には次の問題もあります．この問題が発生することが事前に分かっていれば，恩恵に浴することができない買い手を選別する必要があります．このように，一般的に，自由な市場の調整機能によらない強制的な資源配分を「割り当て」と呼んでいます．家賃統制であれば，くじ引きや抽選によって該当者を選ぶことになります．くじ引きや抽選に外れた買い手は切り捨てられますので，当選者との間で不公

平が生じます.

⑤ 価格規制にともなう社会的便益や超過負担の規模は対象とする財や
サービスの性格にも依存しています. そのため政府は規制対象とする財や
サービスを慎重に選ぶことが大切です. この選び方を間違えると, 超過負
担のみならず不公平感が増してしまいます.

最後に, 農水省による価格支持政策を紹介しておきます. 農作物などが豊作
の年には, しばしば, 廃棄されることがあります. これは「緊急需給調整策」
と呼ばれています.

市場価格が指標価格（利潤を生む価格水準）を下回ったとき, 市場価格を安
定化させるために廃棄をおこないます. 例えば, キャベツの産地である北海道
の南幌町では, 10kg8 玉入りダンボール箱の指標価格 700 〜800 円に対し, 市
場価格が 600 円となったので, 25 トンを廃棄し, 市場価格を高く維持する政
策が実施されました（『朝日新聞』2008 年 9 月 20 日）. 経済学では, こうした
現象を「豊作貧乏」と呼んでいます. 図 10-4 を参照してください.

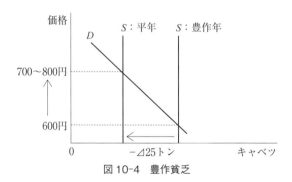

図 10-4　豊作貧乏

第 11 章

国 際 貿 易

1. 自由貿易の必要性

　わが国は高度経済成長期より諸外国から貿易・資本の自由化や市場の開放を要求されてきました．その最大の理由は経常収支の黒字が累積してきたことです．国際収支表において，経常収支は貿易収支（輸出と輸入），貿易外収支（サービス），所得収支（利子，配当，送金，贈与，賠償）から構成されますが，このうち貿易収支内の輸出が大きな黒字要因となっていました．歴史的にみると，海外からの自由化要求の事例として GATT（関税貿易一般協定）による自由化勧告，牛肉・オレンジの自由化，流通機構の規制緩和（酒税法，大規模小売店舗法）などがありました．

　こうした海外からの自由化要求に対して日本政府は，いわゆる生産者主義といわれる立場をとってきました．これは，政府は市場の開放に直接関係をもつ生産者の利害得失という観点から対応してきたということです．市場の開放によって，国内の輸入代替産業は大きな打撃を受けるので，それを回避するという対処の仕方でした．ここで問題なのは市場の開放によって，国内の消費者が受ける利益（便益）のことを考えていないということです．あるいは国益は損なわれないという発想がないことです．市場の開放は輸入の増加を通じて国内の輸入代替産業を縮小させることになりますが，それは他の輸出産業の育成や成長を通じて輸出が増加するという歴史的な経緯を考えていないということです．輸入代替産業の損失は新たに生まれてくる産業の利益と比較することに

よって評価されるべきである、と言えます.

2. 貿易自由化の利益

　例外を除けば，自由な貿易は消費者に利益をもたらします. その利益は大きく分けて，2つあります. 第一は交換・分業の利益，あるいは比較生産費説による利益と呼ばれるものです. 国内で生産するときの製品間における生産費用を比べ相対的に小さい製品を輸出し，大きい製品を輸入するという考え方です. 一般的に，国際分業論とも言われます. 第二は，競争や技術革新の利益と言われます. 海外からの競争圧力によって生産者間での技術革新競争や企業内部の効率性を高める競争が誘発されることです. この競争を通じて，消費者は良質で廉価な製品を需要することができるようになります.

　こうしたことを考えるとき大切なことは，企業の生産活動はそれ自体が目的ではなく，最終消費者に奉仕することを目的としていることです. 貿易の自由化や市場の開放は消費者が受ける利益との関係で議論されるべきであるということです. したがって自由な貿易を通じて生産者余剰が増えれば，それは何らかの形で消費者へ還元されるべきである，と言えます.

3. 比較優位による利益

　最初に，貿易がおこなわれる理論的根拠として比較優位による利益を説明します. いま日本とアメリカの2国をとりあげ，各国はパソコン（PC）とテレビ（TV）を生産するとします. 各製品を1台当たり生産する費用を労働者の数で表現し，表11-1のようであったとします. 説明を単純化するために輸送費用はないものとします. この例では，どちらの製品を生産してもアメリカの方が必要な労働者数が多く，生産性は低くなっています. 逆に，日本の生産性はアメリカを上回っています. このように生産性において，絶対的に優位な立場にあることを，日本はアメリカに対して絶対優位をもつといいます.

　このとき両国は貿易をおこなうのでしょうか. あるいは貿易をすることに

表 11-1　労働者数でみた生産費の比較

	PC1 台	TV 1 台	総労働者数
日本	4 人	6 人	600 人
アメリカ	8 人	8 人	800 人

注：日本はいずれの生産においてもアメリカより絶対優
位にある.

よって両国は利益を得るのでしょうか. 確かに，貿易によって利益を得ます.

　次に，これについて説明します. ここで大切な概念は国内における生産にか
かる相対（機会）費用です. これは TV で測った PC の生産費（労働者の数で
す）と PC で測った TV の生産費（労働者の数です）を計算し，両国について
その規模を比較することです. 表 11-2 は相対費用（比較生産費）を計算した
結果です. 労働者の絶対数で測った PC の生産費用は日本が低くても（4 人＜
8 人），PC で測られた，TV の相対的な生産費用では，アメリカの方が 0.5 人
だけ低くなっています.

表 11-2　相対的な生産費の比較

	TV で測った PC の生産費	PC で測った TV の生産費
日本	4/6＝0.6	6/4＝1.5
アメリカ	1	1

注：日本は PC の生産，アメリカは TV の生産において比
較優位をもつ. 日本は PC，アメリカは TV の生産に
特化する.

　このように製品間での相対的な生産費用を比べて，より低い生産費用で生産
できる場合，比較優位をもつといいます. アメリカは TV の生産において比較
優位をもっています. 同様に，TV で測った PC の生産費は日本が 0.6，アメ
リカが 1 なので，日本は PC の生産において比較優位をもちます. 比較優位の
逆の立場にいる状況は比較劣位といいます.

　比較優位にある製品を生産し輸出すること，逆に比較劣位にある製品を輸入
することによって利益が生まれる可能性があります. 比較優位にある製品のみ

を生産し，専門化することを特化といいます．各国が特化して生産活動をすることを分業といいます．比較劣位にある製品をまったく生産しないことを完全特化といい，いずれの製品も生産していれば不完全特化といいます．ここでは完全特化をするとします．両国に存在する総労働者数は日本が600人，アメリカが800人です．各製品の生産に特化するときの生産台数は表11-3のようになります．

表11-3　特化するときの生産台数

	PC	TV
日本	600/4 = 150	600/6 = 100
アメリカ	100	100

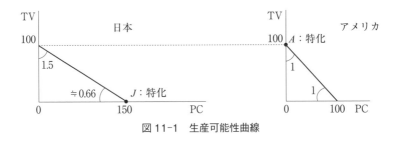

図11-1　生産可能性曲線

これをグラフにすると図11-1になります．生産可能性曲線とは，総労働者数が与えられたときのPCとTVの生産可能な台数の組合せ集合のことです．日本について，よこ軸の150台はPCの生産に完全特化した状況です．アメリカについて，たて軸の100台はTVの生産に完全特化した状況です．この状況おいて，TVとPCが3対4の比率で交換され，日本のPC150台のうち，4割が輸出され，PC150台の3割にあたるTVがアメリカより輸入されるとします．PCの輸出台数は60台（＝150×0.4，国内に残る台数は90台＝150－60），TVの輸入台数は45台（＝150×0.3）です．アメリカは日本よりPCを60台輸入し，TVを45台輸出します（アメリカに残る台数は55台＝100－45）．貿易によって両国国内に存在するPCとTVの台数は，

日本　　（PC90 台，TV45 台）

アメリカ（PC60 台，TV55 台）

となります．この数値を加筆したものが図 11-2 です．貿易後の日本とアメリカの均衡点はそれぞれ *J* 点，*A* 点となります．両国とも貿易前の生産可能性曲線よりも外側に位置しています．つまり，特化して分業し，製品を交換しあうとき利益を得ています．これは両国が互いに比較優位をもつ製品の生産に完全特化し，貿易をおこなったことによります．このように，本来，両国にとって利益が生まれるから貿易がおこなわれているのです．

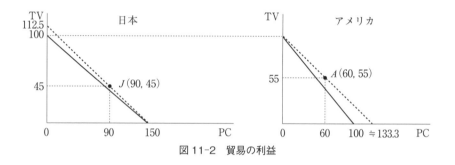

図 11-2　貿易の利益

なお，図 11-2 の貿易後の日本とアメリカのそれぞれたて軸切片（日本，112.5），よこ軸切片（アメリカ，≒133.3）は 1 次関数の定義式を使うと簡単に求めることができます．参考までに計算してみます．

日本については，1 次関数が 2 つの座標（90，45）と（150，0）を通りますので，定義式 $y = ax + b$ にそれぞれの座標の数値を代入し，連立方程式を作ります．

$$45 = 90a + b$$
$$0 = 150a + b$$

この式から

$$a = -\frac{3}{4}$$

が算出できます．これをいずれかの方程式へ代入し，bについて解けば，たて軸切片$b=112.5$が求まります．

アメリカについては，たて軸切片100，傾きがマイナスの1次関数$y=-ax+100$が座標（60，55）を通りますので，座標の数値を代入します．

$$55=-60a+100$$

これより

$$a=\frac{3}{4}$$

が算出できます．これを$y=-ax+100$に代入し，よこ軸座標を求めますので，$y=0$とおいて，xについて解くと$x≒133.3$が求まります．

4.　交換と分業の利益

ここでは余剰概念を使って，貿易による交換と分業から生まれる利益を考えます．ここでは輸入することが禁じられていた牛肉を日本が輸入する場合を考えます．貿易が開始される前の状況を閉鎖経済，開始後を開放経済と呼びます．図11-3をみてください．

①閉鎖経済（貿易前）

需要曲線，供給曲線はそれぞれ日本国内の消費者と生産者を表現しています．牛肉の輸入が開始される前の国内需給均衡点は点Eです．消費者余剰は

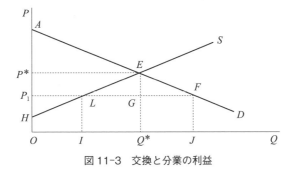

図11-3　交換と分業の利益

$\triangle AP^*E$ です. 生産者余剰は$\triangle HP^*E$ です. 両者を合わせた社会的余剰は $\triangle AEH$ です.

②開放経済（貿易後）

日本が牛肉を輸入することは，牛肉の国際競争価格に影響を与えかねませんが，ここでは単純化して，輸入量の多寡に関わらず影響を与えないとします. これを小国モデルと呼びます. 影響を与えることを大国モデルと呼びます. 牛肉の国際競争価格（どこの国の消費者もこの価格で購入できるという自由貿易価格です）をP_1 とします. 海外から輸入されるわけですから，国内の価格P^* よりも安くなっています. 国内での超過需要であるI とJ の幅を輸入します. 国内生産者は0 からI まで生産し供給しています. 消費者余剰は$\triangle AFP_1$ です. 生産者余剰は$\triangle P_1LH$ です. 社会的余剰は$AFLH$ です.

貿易の開始される前後をみると，貿易開始後に社会的余剰は$\triangle EFL$ だけ増えています. この面積は自由貿易によって消費者が得る利益です. この利益は次にみる2つの利益で構成されています.

・交換の利益

貿易の開始後も国内生産量がQ^* に維持される場合，輸入量はQ^* とJ の幅（Q^*-J）となり，国内の生産者はI とQ^* の幅の量だけ損失を出しながら生産しています. なぜなら供給曲線の下側は費用を表現しているからです. この場合，余剰は$\triangle ELG$ だけ減少します. ただし，図を$\triangle P_1HL \neq \triangle ELG$ と描くとき，$\triangle P_1HL - \triangle ELG$ だけ減少します. 結局，消費者が受ける余剰の増分は$\triangle EFG$ となります. この面積はあたかも割高な国内牛肉（I とQ^* の幅）を割安な輸入牛肉と交換したときに生まれる利益であり，交換による利益と呼ばれます.

・分業の利益

輸入により国内価格が下がるため（$P^* \rightarrow P_1$），国内生産量はQ^* からI へ減り，輸入はI とJ の幅（$I-J$）だけ増えます. このとき消費者余剰は$\triangle ELG$ だけ増加します. この$\triangle ELG$ は国内における割高な牛肉の生産を止めて，割安な外国牛肉の生産に頼ることから生まれる利益です. この利益は分業による利益と呼ばれます.

5.　競争や技術革新による利益

　海外からの競争圧力や企業内部での効率性を高める技術革新は国内企業の
費用曲線を下げる効果として表れます．図11-4のように，国内の超過需要を
充たすところ（点 F）まで供給曲線が下方へ移動すれば，このとき生産者余剰
は $HLFH_1$ だけ増加します．この部分が消費者へ還元されれば，海外からの競
争圧力も消費者にとって利益をもたらします．点 F は自由競争市場における
均衡点になっています．

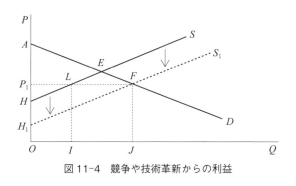

図 11-4　競争や技術革新からの利益

6.　輸出による社会的利益

　需要曲線と供給曲線の形状は国ごとに異なります．そのため国内の均衡価格
も国ごとに異なります．輸出は国内の均衡価格の低い国から高い国へとおこな
われます．これまでは自国を中心に貿易の利益を考えましたが，図11-5の P^*
を国際均衡価格とすると，自由な貿易がおこなわれれば国内の超過需要量（輸
入量）と外国の超過供給量（輸出量）とは等しくなっています．
　ここでは車の輸出を考えます．図11-6において，D は世界市場における需
要曲線です．S は国内の供給曲線です．他国の超過需要量を充たすために国内
での超過供給量が輸出されます．輸出価格を P^{**} とします．閉鎖経済と開放経

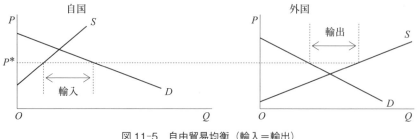

図 11-5　自由貿易均衡（輸入＝輸出）

済における余剰は以下のようになります.

	閉鎖経済	開放経済
消費者余剰：	$\triangle AEP^*$	$\triangle ABP^{**}$
生産者余剰：	$\triangle EHP^*$	$\triangle P^{**}FH$
社会的余剰：	$\triangle AEH$	$ABFH$

　貿易により社会が受ける利益は $\triangle BEF = ABFH - AEH$ となります. これは生産者余剰の一部なので, 何らなの方法で消費者に還元されれば, 輸出の増加は消費者にとっても利益となります. この面積は次の2つの利益で構成されています.

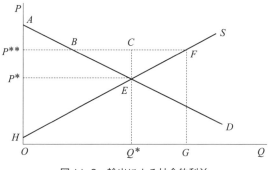

図 11-6　輸出による社会的利益

・国内生産者が受ける利益

　国内生産量が Q^* に維持されるとき，輸出価格 P^{**} のもとで生産者余剰の増加部分は $P^{**}CEP^*$ です．$\triangle BCE$ だけ社会的余剰が増えています．

・生産量の拡大による利益

　貿易によって国内の生産量は Q^* から G へ増加します．この生産量の増加にともなう生産者余剰の増加部分は $\triangle CEF$ です．

7.　関税，輸入割当と禁輸の経済効果

　輸入品に関税をかけることがあります．これは国際競争価格に，ある一定の金額や率をプラスし，国内の均衡価格に近づけることです．もちろん，自由貿易の精神に反するわけですが，国内産業を守り，育成するために使われています．自由貿易の精神に反することは，輸入割当といって自国に入ってくる輸入量を政府が制限することや外国企業が輸出をしてくれない（禁輸ともいう）場合もあります．

　最初に，輸入関税について説明します．国内での課税と同じように，関税の種類には国際競争価格に対して一定の割合をかける「従価税」と輸入量（1kg当たり）に対してかける「従量税」があります．どちらの税率を適用するかは品目や市場の競争状態をみて選んでいます．ここではいずれの税率をかけても

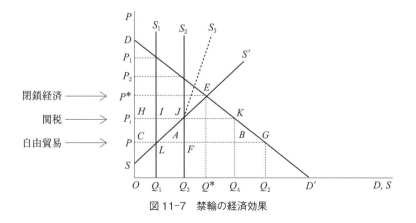

図 11-7　禁輸の経済効果

輸入価格は同じになる状況を想定して説明します.

例えば,ある輸入野菜の国際競争価格が100円（1kg当たり）で,従価税を100%,従量税を1kg当たり100円かけるとします.この方式であれば,どちらの課税方式でも100円に関税100（従価税100% = 100円）を加算して輸入価格は200円となります.

輸入関税には関税収入を獲得するという意図と国内企業を海外からの競争から守るという意図があります.以下では図11-7を使って,この関税の導入と禁輸の効果を説明します.まず,図の中の記号等の意味を説明します.

- DD' と SS' はそれぞれ国内の需要曲線と供給曲線です.点 E（P^*, Q^*）は閉鎖経済時の均衡点です.
- P は国際競争価格（自由貿易時の価格）です.国内需要量は幅 $C-G$,国内供給量は幅 $C-L$ なので輸入量は幅 $L-G$ となります.
- P_t は輸入関税を導入した後の国内価格（P + 関税）です.国内需要量は幅 $H-K$,国内供給量は幅 $H-J$ なので輸入量は幅 $J-K$ となります.関税が導入された後の国内供給量の増加量は幅 $I-J$ です.これは自給量が増加したことです.国内価格が P^* となるような高い関税をかけると,輸入量はゼロになります.なお関税の導入ではなく,政府が輸入量を幅 $J-K$ に制限することを輸入割当といいます.
- 関税収入は面積 $[(P_t-P)×(J-K)]$ となります.
- 関税が導入された後の超過負担（DWL）は面積 = $\triangle A + \triangle B$ となります.

次に,輸入にともなう国内の対応の違いを説明します.対応の違いというのは,調整費用や供給構造の違い,あるいは技術・費用構造の違いとも言われますが,これらはすべて供給曲線の形状（弾力性）の違いとなって表れます.そして,この違いは国内の価格水準に反映します.特に,自国政府が輸入割当を実施したり,外国からの輸入がストップしてしまうとき,調整費用は無限大になります.供給は増えませんので価格のみが上昇し,需要を充たそうとします.

図11-7において,SLS_1 は自由貿易時に完全な禁輸（輸入量がゼロ）が発生したときの供給曲線です.点 L において,供給の価格弾力性はゼロになって

います．価格が無限に上昇しても供給量は一定量の幅 $C-L$ のまま変化しません．国内の均衡価格は P_1 となります．

SJS_2 は関税の導入後に禁輸がおこなわれたときの供給曲線です．幅 $I-J$ だけ国内の供給量，つまり自給量は増えます．これは生産量が増えなくてもよくて，例えば原油であれば備蓄による供給になります．点 J において，供給の価格弾力性はゼロになっています．国内の均衡価格は P_2 となります．

禁輸がおこなわれても供給曲線の弾力性が SJS_3 のようであれば，国内の均衡価格水準はさらに下がります．当然，自給量が増えるほど，点 E へ近づきます．供給曲線の形状で表せるように，国内の調整費用があまりかからず，スムースに供給構造を変えることができなければ，国内の均衡価格は高い水準のままになります．

禁輸への自国の対応として①自給（量）率を上げることが考えられます．これは備蓄量を増やしておくことです．一般的に知られているのは原油の備蓄です．②輸入国を分散化する．これについては最近の事例があります．日本は中国からパソコン，デジタルカメラ，電気自動車などの電子部品の原料となるレアアース（希土類），レアメタル（希少金属）の9割以上を輸入しています．2010年9月7日に発生した沖縄県尖閣諸島付近での海上保安庁の巡視船と中国漁船との衝突事件後，中国政府は日本への輸出をストップしました．これが禁輸です．この禁輸を解除（2010年12月）した後も中国政府は輸出価格を統制していました．そのため解除後も輸出価格は3倍近く高騰したこともあります．

これに対し，レアアースに限らずレアメタルについて日本政府およびコンピュータ，車の製造メーカーは輸入先国（ボリビア，チリ，アルゼンチンなど）の分散化，これら以外の資源開発・技術開発に着手しています．例えば，日立製作所は使用済みのハードディスクドライブ（HDD）からレアアースを取り出す技術を開発しました．また鹿児島湾でレアメタルの鉱床が発見されたという報道もあります（『朝日新聞』2010年12月7日・9日，2011年5月16日・20日）．

終 章

練 習 問 題

　ここでは，本書で学んだミクロ経済学のうち主要な内容を含む問題を解いて
みます．すべて1次関数の知識で解くことができます．

問1　TさんとMさんがケーキをお客さんに届けます．店からお客さんまで
の距離は3kmです．Tさんは分速50mで歩いて届けます．同じ道を通って，
MさんはTさんが出発してから10分後に分速150mで自転車に乗って届け
ます．以下の①から③に答えなさい．

　　①この2人の行動を1次関数で表現し，次に，たて軸に距離（y），よこ
　　　軸に分（x）をとり，グラフに描きなさい．

　　②Mさんが配達先に着いたのはTさんが店を出てから何分後ですか．そ
　　　のときTさんは配達先まであと何kmのところにいますか．

　　③MさんがTさんに追い着くのは，Tさんが店を出てから何分後ですか．
　　　そのときの距離も計算しなさい．

問2　TさんとMさんがいます．ある製品に対する各人の需要量が次の式で
表現されます．Qを総需要量として，市場の需要曲線を式で書きなさい．P
は市場価格です．

$$Q_\mathrm{T} = -\frac{1}{4}P + 25$$

$$Q_\mathrm{M} = -2P + 65$$

問3 同じ質をもつさつまいもが700kgあります. このさつまいもは, でん粉用に加工するか, 石焼きいも用に利用できます. いま, その需要量と供給量が次の式で与えられます. 以下の①と②に答えなさい.

でん粉用の需要関数, $D_1 = 300 - P_1$
石焼きいも用の需要関数, $D_2 = 600 - 4P_2$
さつまいもの供給関数, $S = 700$

①自由な市場で取引がおこなわれるときの, 市場全体の需要量とこのさつまいもの市場価格 (P) を計算しなさい.

②供給量 (S) のうち, 80%をでん粉用にのみ利用するという用途制限がされるとき, 石焼きいも用のさつまいもの価格 (P_2) を計算しなさい.

問4 ある商品の需要量 (D) を次の式で表現します. 価格 (P) が8のときの「需要の価格弾力性」を計算しなさい.

$D = -5P + 45$

問5 ある商品の供給量 (S) を次の式で表現します. 価格 (P) が8のときの「供給の価格弾力性」を計算しなさい. 絶対値で答えなさい.

$S = 2P - 50$

問6 個人Tさんと個人Mさんの行動を考えます. ガソリンの1リットル当たりの価格が100円のとき, 2人とも1カ月50リットルを給油していました. いま, 価格が1リットル当たり120円に上昇したとき, Tさんの給油量は30リットルに減り, Mさんの給油量は25リットルに減りました. 以下の①と②に答えなさい.

①グラフのたて軸に価格 (P), よこ軸に給油量 (Q) をとり, 価格100円, 給油量50リットルを起点として, 2人の需要曲線 (D_TとD_M) を同一のグラフ上に描きなさい.

②TさんとMさんのガソリンに対する「需要の価格弾力性」を計算しな

さい.

（問7）リンゴの生産農家（X と Y）の行動を考えます．リンゴ1個の市場価格が 100 円のとき，2 軒の農家ともリンゴを 1000 個生産し販売していました．いま，リンゴの市場価格が 1 個当たり 150 円になったとき，生産量を X 農家は 1500 個に，Y 農家は 1800 個に増やしました．以下の①と②に答えなさい．

　　①グラフのたて軸に価格（P），よこ軸に生産個数（Q）をとり，価格 100
　　　円，生産個数 1000 個を起点として，2 軒の供給曲線（S_X と S_Y）を同一
　　　のグラフ上に描きなさい．

　　②X 農家と Y 農家の「供給の価格弾力性」をそれぞれ計算しなさい．

（問8）ある商品の供給関数を

$$S = 2P + 100 \quad \cdots\cdots\cdots ①$$

とします．いま，この商品が経済財，自由財，バッズとなるときの需要量が以下の関数で与えられるとします．

　　　　経済財の需要関数，$D_1 = -2P + 700$　　$\cdots\cdots\cdots ②$
　　　　自由財の需要関数，$D_2 = -0.2P + 100$　　$\cdots\cdots\cdots ③$
　　　　バッズの需要関数，$P = -1.5D_3 - 10$　　$\cdots\cdots\cdots ④$

グラフのたて軸に価格 P，よこ軸に数量 Q（D_1, D_2, D_3 と S からなる）をとり，①から④の関数を加筆しなさい．必ず，たて軸切片，よこ軸切片も記入しなさい．そして各財の需給均衡点における価格と数量の組み合わせを計算し，グラフの中に加筆しなさい．

（問9）ある商品の需要量と供給量を次の関数で表現します．政府が生産者に対して従量税 10 を課します．以下の①から④に答えなさい．

　　　　需要関数，　$P = 140 - Q$
　　　　供給関数，　$P = 3Q + 120$

①グラフのたて軸に価格（*P*），よこ軸に数量（*Q*）をとり，課税の前後における需要曲線と供給曲線を描きなさい．たて軸切片，よこ軸切片も記入しなさい．

②課税の前後における消費者余剰，生産者余剰と社会的余剰を計算しなさい．

③政府の税収を計算しなさい．

④超過負担を計算しなさい．

問10　ある製品の国内需要量（*D*）と国内供給量（*S*）が，以下の1次関数で与えられています．*P* は製品の国内価格です．以下の①から③に答えなさい．

$$P = 14 - \frac{1}{10}D$$

$$P = \frac{1}{20}S + 2$$

①グラフのたて軸に価格（*P*），よこ軸に数量（*Q*）をとり，需要曲線と供給曲線を描きなさい．たて軸切片，よこ軸切片も記入しなさい．

②この製品の国際競争価格を $\overline{P} = 8$ とするときの輸出量を計算しなさい．

③輸出がおこなわれるとき，自由貿易均衡時と比べて生産者余剰はいくら増加するか，計算しなさい．

問11　ある製品の国内需要量（*D*）と国内供給量（*S*）が，以下の1次関数で与えられています．*P* は製品の国内価格です．この製品の国際競争価格を $\overline{P} = 20$ とします．以下の①から⑫に答えなさい．

$$D = -0.5P + 50$$
$$S = P - 10$$

①グラフのたて軸に価格 *P*，よこ軸に数量 *Q*（*D* と *S* からなる）をとり，上記の需要曲線と供給曲線を正確に図示しなさい．たて軸切片，よこ軸切片も記入しなさい．

②閉鎖経済時における，国内の価格水準，需要量と供給量を計算しなさい.

③自由貿易が開始されたときの国内需要量，国内生産量と輸入量を計算しなさい.

④自由貿易の開始後に完全な禁輸（輸入量＝ゼロ）が実施されたときの国内の価格水準を計算しなさい.

⑤関税が5だけ課された後の国内需要量，国内生産（供給）量と輸入量を計算しなさい.

⑥関税が導入された後に増える国内生産量（自給量）を計算しなさい.

⑦関税収入を計算しなさい.

⑧関税の導入後における超過負担の規模を計算しなさい.

⑨関税の導入後における消費者余剰と生産者余剰を計算しなさい.

⑩関税の導入後に完全な禁輸が実施されるときの国内の価格水準を計算しなさい.

⑪国際競争価格を基準として，関税の導入後における「需要の価格弾力性」と「供給の価格弾力性」を計算しなさい.

⑫関税が導入された後の需要曲線と供給曲線において，需要と供給の価格弾力性がともに2.5となるときの需要量と供給量を計算しなさい.

練習問題の解答

問1

① Tさんは分速50mで3km（＝3000m）の距離を歩きますので，60分後に到着します．Mさんは分速150mで移動しますので，出発後20分で到着します．距離（y）と時間（x）の関係は1次関数で表現できます．

Tさん，$y = 50x$

Mさん，$y = 150x - 1500$

これをグラフにすると，次のように描けます．

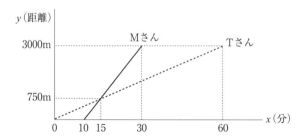

② $y = 3000$ なので，これをMさんの式に代入します．$3000 = 150x - 1500$ より，$x = 30$ となり，答えは30分後です．次に，$x = 30$ をTさんの式に代入します．$y = 50 \times 30 = 1500$ となり，答えは1.5km（＝1500m）となります．

③ 2人の式を連立方程式として解きます．$50x = 150x - 1500$ より，$x = 15$ となり，答えは15分後です．距離は $x = 15$ をいずれかの式に代入して，$y = 750$ となります．答えは750mです．

問2

$$Q = Q_T + Q_M = -\frac{1}{4}P + 25 - 2P + 65 = -\frac{9}{4}P + 90$$

問3

① 自由な市場での取引価格を P とします. $P = P_1 = P_2$ です. 市場全体の需要量 (D) は $D = D_1 + D_2$ なので $300 - P + 600 - 4P = 900 - 5P$ となります. これが供給量に等しいので $900 - 5P = 700$ より, $P = 40$ となります.

② $S = 700 \times (1 - 0.8) = 140$. これが石焼きいも用の供給量になるので, $D_2 = S$ より $600 - 4P_2 = 140$ から $P = 115$ が求まります.

問4

定義 $\varepsilon = -\frac{\Delta D}{\Delta P} \cdot \frac{P}{D}$ より, $\frac{\Delta D}{\Delta P}$ はたて軸切片からみた傾きです. 式より, 傾きは -5 です. $P = 8$ のとき, $D = -5(8) + 45 = 5$ です. よって, $\varepsilon = -(-5)\frac{8}{5} = 8$ となります.

問5

定義 $\eta = \frac{\Delta S}{\Delta P} \cdot \frac{P}{S}$ より, $\frac{\Delta S}{\Delta P}$ はたて軸切片での傾きです. 式より, 傾きは 2 です. $P = 8$ のとき, $S = 34$ です. よって, $\eta = (2)\frac{8}{34} \fallingdotseq 0.471$ となります.

問6 グラフは次のようになります.

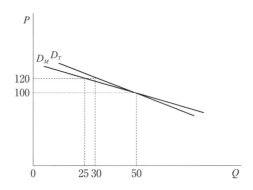

定義 $\varepsilon_T = -\dfrac{\Delta Q}{\Delta P} \cdot \dfrac{P}{Q}$ より，$\varepsilon_T = -\dfrac{\dfrac{\Delta Q}{Q}}{\dfrac{\Delta P}{P}} = -\dfrac{\dfrac{30-50}{50}}{\dfrac{120-100}{100}} = \dfrac{\dfrac{2}{5}}{\dfrac{1}{5}} = 2$ となります．

同じく，定義 $\varepsilon_M = -\dfrac{\dfrac{25-50}{50}}{\dfrac{120-100}{100}} = \dfrac{\dfrac{1}{2}}{\dfrac{1}{5}} = 2.5$ となります．

(問 7)　グラフは次のようになります．

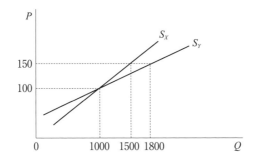

定義 $\eta_X = \dfrac{\Delta Q}{\Delta P} \cdot \dfrac{P}{Q}$ より，$\eta_X = \dfrac{\dfrac{\Delta Q}{Q}}{\dfrac{\Delta P}{P}} = \dfrac{\dfrac{1500-1000}{1000}}{\dfrac{150-100}{100}} = \dfrac{\dfrac{5}{10}}{\dfrac{5}{10}} = 1$ となります．

同じく，定義 $\eta_Y = \dfrac{\dfrac{1800-1000}{1000}}{\dfrac{150-100}{100}} = \dfrac{8}{5} = 1.6$ となります．

問8 グラフは次のようになります.

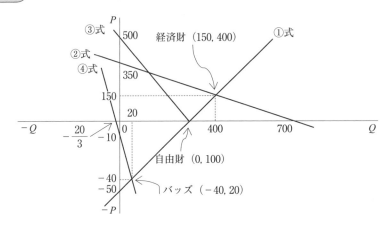

問9

①課税後の供給曲線は $P = 3Q + 120 + 10 = 3Q + 130$ となります.

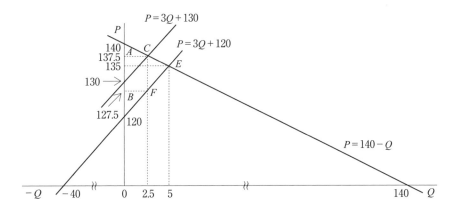

②

	課税前	課税後
消費者余剰	$[(140 - 135) \times 5] \div 2 = 12.5$	$[(140 - 137.5) \times 2.5] \div 2 = 3.125$
生産者余剰	$[(135 - 120) \times 5] \div 2 = 37.5$	$[(127.5 - 120) \times 2.5] \div 2 = 9.375$
社会的余剰	$12.5 + 37.5 = 50$	$3.125 + 9.375 = 12.5$

③税収 $= (137.5 - 127.5) \times 2.5 = 25$

④超過負担はグラフのなかの三角形 *CEF* の面積です.

$$\triangle CEF = [(137.5 - 127.5) \times (5 - 2.5)] \div 2 = 12.5$$

問10

①グラフは次のようになります.

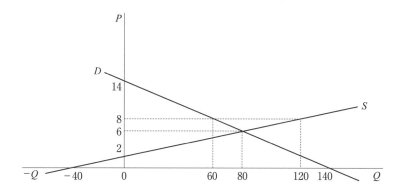

②輸出量は超過供給の部分なので，$60 (= 120 - 60)$ となります.

③競争時の生産者余剰は $[(6-2) \times 80] \div 2 = 160$，輸出時は $[(8-2) \times 120] \div 2 = 360$ なので，増加分は 200 となります.

問11

①グラフは次のページのようになります.

②価格水準は 40，需要量は 30，供給量は 30 です.

③国内需要量は 40，国内生産量は 10，輸入量は 30 です.

④自由貿易開始後の完全な禁輸（輸入量＝ゼロ）は供給曲線 S_1 と表現します.

$D = -0.5P + 50$ より，$10 = -0.5P + 50$ で $P = 80$ となります.

⑤関税が 5 だけ課された後の国際競争価格は $25 (= 20 + 5)$ です. 国内需要量は 37.5，国内生産（供給）量は 15，輸入量は $22.5 (= 37.5 - 15)$ となります.

⑥関税が導入された後に増える国内生産量（自給量）は $5 (= 15 - 10)$ です.

⑦関税収入は $112.5 [= 5 \times (37.5 - 15)]$ です.

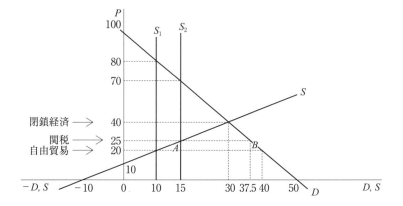

⑧関税の導入後における超過負担は△Aと△Bの合計です.

$$\triangle A = \frac{1}{2}(25-20)(15-10) = 12.5, \quad \triangle B = \frac{1}{2}(25-20)(40-37.5) = 6.25,$$

$$\triangle A + \triangle B = 18.75$$

⑨余剰は次のように計算します.

$$消費者余剰 = \frac{1}{2}(100-25)(37.5) = \frac{2812.5}{2} = 1406.25$$

$$生産者余剰 = \frac{1}{2}(25-10)(15) = \frac{225}{2} = 112.5$$

⑩関税の導入後に完全な禁輸が実施されるときの供給曲線を S_2 と表現します.
  $D = -0.5P + 50$ より, $15 = -0.5P + 50$ で, $P = 70$ となります.

⑪国際競争価格は 20 です.

$$需要の価格弾力性 = -\frac{\dfrac{37.5-40}{40}}{\dfrac{25-20}{20}} = \frac{2.5}{40} \times 4 = 0.25$$

$$供給の価格弾力性 = \frac{\dfrac{15-10}{10}}{\dfrac{25-20}{20}} = \frac{5}{10} \times 4 = 2$$

⑫関税が導入された後の価格（P）は 25 です．需要曲線 $D = -0.5P + 50$ より，

　需要の価格弾力性 $= -\dfrac{\Delta Q}{\Delta P} \cdot \dfrac{P}{Q}$ より，$Q = D$ で $\dfrac{\Delta D}{\Delta P}$ は傾きなので $\dfrac{\Delta D}{\Delta P} = -0.5$.

　よって，$2.5 = -(-0.5)\dfrac{25}{D}$ より，$D = 5$ となります．

　供給曲線 $S = P - 10$ より，供給の価格弾力性 $= \dfrac{\Delta Q}{\Delta P} \cdot \dfrac{P}{Q}$ で $Q = S$，$\dfrac{\Delta S}{\Delta P}$ は傾きなので，$\dfrac{\Delta S}{\Delta P} = 1$.

　よって，$2.5 = (1)\dfrac{25}{S}$ より，$S = 10$ となります．

おわりに

　最終章の練習問題はいくつ正解しましたか．本書を通読して，1次関数についての数的処理能力が身に付いていれば，簡単に正解できたと思います．

　さて，筆者は入学してくる大学1年生に経済学を教えていますが，しばしば反省させられることがあります．大学生だから，大学生なので，大学生になったのだから，この程度の講義内容は理解できるはずだ，理解できないとこの科目の単位は認定できない，という姿勢で教えても，どうも講義内容は十分に理解されていないようです．最初に，大学入学までに学び，身に付けた能力が大学でも十分に活用できることを理解してもらえるよう講義内容や講義の進め方を工夫することが大切です．そのためには中学生・高校生のときに勉強したことのある数的処理から始めることでした．その一つが本書でもこだわった1次関数でした．これは中学2年生ですでに学習しています．本書を読了された学生さんは，経済学を学ぶにあたって，少なくとも1次関数の有用性が理解できたと思います．あるいは大学入学までに，食わず嫌いで数学を勉強してこなかったことを後悔しているでしょうか．

　もちろん1次関数だけでは不十分です．経済現象を単純に比例と反比例の関係で説明することには無理があります．せめて2次関数のグラフが描けて，グラフ上のある座標における角度，最大値，最小値を計算することができれば，複雑な経済現象をさらに理解することができるようになります．

　筆者は学部2年生以上を対象とする経済学の科目では主に"微分（導関数）の概念"を用いて講義をしています．微分についても高校2年生のときに学習したことがあるかと思います．この微分の概念や計算操作ができると，経済学の中級以上のテキストを独力で読み，内容を理解することができます．

　かつて私の講義を受講していた留学生から"中学生や高校生のときに勉強した数学が，経済学の勉強において，こんなに役に立つとは思いませんでした．先生が教えてくれた経済学はとても理解しやすかったです．"という感想

をいただいたことがあります．日本人の学生からの感想ではなかったことが残念でしたが……．また，しばしば "自分は理科系志望だったので，経済学を学ぶことは苦になりません." という感想をくれる学生もいます．本書が対象としたような経済学の領域（理論経済学といいます）を学ぶには，やはり理科系は有利だと思います．しかし経済学の基礎的な考え方を理解するには，中学生レベルの数学で十分です．本書もそうした意図をもっています．数的処理能力を身に付けるには，自分が理解できることと理解できないことをはっきりさせ，できないところへ戻り，我慢強く取り組むしかありません．辛抱，忍耐力が必要です．

　"教えることは学ぶこと"，本書もある男子学生の素朴な質問から誕生しました．どんな仕事や学問も教える側と教えられる側との相互作用を通じて，良いものが生まれるのだと思います．筆者も教えつつ，学ばせていただいて，経済学をより分かりやすい学問にしていきたいと思っています．

　最後に，本書を使いやすく，読みやすくするために多大な労をとっていただいた（株）大学教育出版の佐藤守氏と安田愛さんに，心よりお礼申し上げます．

　改訂にあたり，（株）大学教育出版の渡邉純一郎さんにはお世話になりました．感謝いたします．

入門書の紹介

　本書が対象としたミクロ経済学の入門書は多数あります．教員に紹介された
テキストよりも図書館に配架されている中から読みやすそうなものを自分で手
に取ることが最適な選択行動だと思います．ちなみにテキストを2～3冊手に
取り目次をみると，同じような名称の章立てがされています．そして，どのテ
キストをみても，ほぼ同じような内容と記述がされていることに気づくことと
思います．本書に似たテキストも見つけることでしょう．

　ここでは簡単な数値とグラフのみを使ってミクロ経済学を解説している入
門書と，ミクロ経済学と関連する領域の参考書を紹介します．

　数式を使わないもので読みやすいものに，

　金谷貞男・吉田真理子『グラフィック　ミクロ経済学（第2版）』新世社，（2010
年）

　八田達夫『市場の失敗と政府の失敗への対策』東洋経済新報社，（2008 年）

　八田達夫『効率化と格差是正』東洋経済新報社，（2009 年）

があります．本書と同じように中学生のときに勉強した数学の知識があれば独
学で読み，理解できます．ただし，本書と違って，多くのことが曲線を使って
説明されています．公務員試験を受ける準備をしている大学1年生には最適な
テキストだと思います．

　ミクロ経済学が難しい学問だと思われていることの理由の一つに経済主体
の合理的な行動，効率的な資源配分，限界概念など，日常の生活の中では
聞き慣れない専門用語がありました．これをやさしく解説したテキストとし
て，

　荒井一博『ファンダメンタル　ミクロ経済学』中央経済社，（2000 年）

　佐々木宏夫『ミクロ経済学』新世社，（2008 年）

があります．これらのテキストの最終章では個人の選択行動，合理性と公共性
との関係が解説されています．

　また経済学で使われる効率性，合理的な人間像などが他の学問からどう評価
されているのか，を知るには，

　　柳川範之・藤田友敬「序章　会社法の経済分析：基本的な視点と道具立て」三輪芳
　　郎・神田秀樹・柳川範之編『会社法の経済学』東京大学出版会，（1998 年）

が参考になります．この種の学問はミクロ経済学の応用領域として「法と経済
学」や「法の経済分析」と呼ばれています．興味のある学生さんには次の文献
をお薦めします．

　　ロナルド．H. コース（宮沢健一・後藤晃・藤垣芳文訳）『企業・市場・法』東洋経済
　　新報社，（1992 年）

　経済学は他の学問領域で開発されたアイデアを取り込んで発展しています．
経済主体の合理的な行動のみを分析することの限界も克服されつつあります．
個人は選択行動や意思決定において合理的に行動したいと思っていますが，い
つも合理的とは限りません．しばしば合理性の範囲も限定されています．こう
した「限定された合理性」という条件のもとでの意思決定や企業行動を解説し
たものに，

　　オリバー．E. ウィリアムソン（浅沼萬里・岩崎晃訳）『市場と企業組織』日本評論社，
　　（1980 年）

があります．分厚い翻訳本ですが，数式は出ていません．限定された合理性と
いう考え方は経営学（ハーバート .A. サイモン，松田武彦・高柳暁・二村敏子
訳『経営行動』ダイヤモンド社，1965 年）から取り入れたものです．

　ミクロ経済学のテキストの市場は独占的競争市場です．この市場を説明する
ためには 2 次関数を使わなければなりません．本書は 1 次関数の知識のみで学
習できる内容になっているため，この市場については説明しませんでした．独
占的競争市場とはまさにテキストの市場が当てはまります．多くのテキストは
同じ結論，概念であっても著者ごとにそれぞれ少しずつ違った説明方法や説明
手段が使われています．イタリア料理を出すレストランの味が微妙に違い，そ
の違いでライバル店と勝負をしている，という状況と同じです．したがって多
様なテキストの中から学生さん自身が自分に適したものを選ぶことが，正しい
テキスト選びだと思います．本書よりもより適したテキストを見つけたのであ

れば，それを熟読することをお勧めします．どんなテキストを選ぼうとも内容を理解することが大切です．テキスト選びは恋人と同じです．自分にとって最良のテキストを選んでください．

索　引

■ 著者紹介

増田　辰良　（ますだ　たつよし）

1955 年　徳島県生まれ.
北星学園大学経済学部経済法学科教授.
北海道大学大学院経済学研究科博士後期課程単位取得満期退学.
経済学博士　北海道大学.

著書
『観光の文化経済学』（美蓉書房出版，2000 年）
『独占禁止法の経済分析』（多賀出版，1997 年）
Antimonoploy Policy of Japan, Taga Shuppan　（1996）

1 次関数で学ぶ経済学　改訂版

2013 年 4 月 20 日　初　版第 1 刷発行
2020 年 3 月 30 日　改訂版第 1 刷発行

■ 著　　者———増田辰良
■ 発 行 者———佐藤　守
■ 発 行 所———株式会社 **大学教育出版**
　　　　　　　　〒 700-0953　岡山市南区西市 855-4
　　　　　　　　電話（086）244-1268　FAX（086）246-0294
■ 印刷製本———モリモト印刷㈱

ISBN978 - 4 - 86692 - 067 - 2